海南旅游产业发展研究

RESEARCH ON THE DEVELOPMENT
OF HAINAN TOURISM INDUSTRY

李佳 著

社会科学文献出版社
SOCIAL SCIENCES ACADEMIC PRESS (CHINA)

目　录

第一章　海南旅游资源与产业发展情况

第二次世界大战之后，世界经济和科学技术的发展达到了新的高度，人们的需求与消费结构发生新的转变，现代旅游业正是适应这种新变化而产生。改革开放后，中国经济社会和技术进一步蓬勃发展，旅游业获得了快速发展。海南的旅游业则随着中国旅游业的兴起而起步，并在海南建省办经济特区后得到了迅猛发展。

第一节　海南旅游产业发展研究情况

改革开放以来，中国旅游业从以入境旅游为主发展到入境旅游和国内旅游并行，又进一步发展到入境旅游、国内旅游和出境旅游全面发展的多个阶段。为适应旅游者需求的多样性，旅游业发展出多种业态，产品也由观光旅游逐步扩展到消遣旅游、商务旅游、会奖旅游、探亲旅游、康养旅游、体验旅游、修学旅游等。学界对于这些发展变化进行了较为深入的研究，应当指出的是，学界并非被动地研究在旅游实践中已经出现的各种旅游现象，更多的是根据发展的实际，主动在旅游的新业态、新产品等多方面进行了积极的探索。

一　国内外旅游产业研究的主要方面

（一）旅游产业及相关研究情况

对于旅游业的大量研究是从 20 世纪 70 年代开始的。其中，对于旅游业本身存在着不同的看法。旅游产品具有无形性的特点，旅游企业提供的是服务性产品，旅游者获得的是一种独特的经历和感受。无论是从供给方面（旅游资源、旅游设施、旅游服务等）还是从需求方面（食、住、行、游、购、娱等）来看，都表明旅游产品的实现依赖于多个行业的协同与集合。旅游企业无法像工业企业那样，在产品进入使用环节时对产品质量进行有效控制；同时，旅游产品也无法像工业产品那样被简单归为同类产品范畴。正是与传统的产业（工业）产品存在巨大差别，一些学者认为旅游不是一个（标准的）产业，而是一个产业群或者产业的集合[①]。对于旅游产业化水平的研究也因此展开[②]。正因为旅游在更大意义上是一个产业的集合，旅游产业的关联是学界研究的重要内容，学界大多采用里昂惕夫的投入产出分析方法来反映这种关联[③]，也有采用因子分析等方法来分析这些关联关系的。较为早期的研究大多是集中在这些方面。

（二）旅游产业融合发展和集聚研究情况

旅游产品与旅游服务不可分离，旅游产品的生产过程与旅游产品的使用过程在时间上具有同一性，旅游过程的完成需要多个企业共同发挥作用。旅游资源类型的不断扩展，也迫使旅游需要与其他产业进行融合。与此相关的旅游产业集群呈现以下特点：产业所在区域地理位置上接近，产品以线路组合为主要形式，以中心城市为核心形成旅游网络，且产业发展植根于地方社会，企业间的共生关系日益显现[④]。旅游产业的融合大体包括产业间的融合、产业内的融合、在同一区域内的融合和跨区域的融合等多种形式；实现路径包括与目的地的形象和基础设施建设的融合，与目的地旅游相关设施与活动的融合，与客源地、中转地和

① 田言付、朱沁夫等编著《旅游学概论》，南开大学出版社，2012，第168页。
② 黄璨：《旅游产业化水平测度研究》，湖北人民出版社，2016，第135页。
③ 李江帆、李冠霖、江波：《旅游业的产业关联和产业波及分析——以广东为例》，《旅游学刊》2001年第3期，第109~110页。
④ 赵书虹：《旅游产业集群论》，科学出版社，2010，第124页。

延伸地的政府机构及相关产业的融合等①，实现资源融合、技术融合、市场融合和功能融合②；更为突出的是旅游与文化的融合发展和数字技术的融合发展③④。

（三）旅游产业的区域效应研究情况

旅游产业与其他产业的关联性决定了旅游产业存在明显的区域效应，这些效应包括经济效应、社会效应、文化效应和生态效应等。如Khan. H 等的研究发现，新加坡的旅游产业对其经济发展具有双倍拉动效应⑤。Chris Ryan 全面分析了旅游产业所产生的经济影响、环境影响和社会影响⑥。谢春山以大连市为研究对象，也分析了旅游产业所产生的经济效应、环境效应、文化效应和空间效应⑦。旅游产业的区域效应在中国的一个重要表现在于，旅游产业可能是促进贫困地区脱贫致富的重要手段和途径，很多地区的实践表明，一些地区通过"旅游扶贫"实现了脱贫致富，但要运用发展旅游的方法实现脱贫致富，还需要满足一系列条件⑧，并非"旅游扶贫——一扶就灵"⑨。陈劼绮、陆林的研究则表明了乡村旅游业态的迭代发展，重构了乡村社会的经济形态，重塑

---

① 何建民：《我国旅游产业融合发展的形式、动因、路径、障碍及机制》，《旅游学刊》2011 年第 4 期，第 8 页。

② 麻学峰、张世兵、龙茂兴：《旅游产业融合路径分析》，《经济地理》2010 年第 4 期，第 678~681 页。

③ 张海燕、王忠云：《旅游产业与文化产业融合发展研究》，《资源开发与市场》2010 年第 4 期，第 322~326 页。

④ 唐承财、梅江海、上官令仪等：《新质生产力视域下国内外数字文旅研究评述与展望》，《地理科学进展》2024 年第 10 期，第 1894~1912 页。

⑤ 转引自王缉慈等：《创新的空间：企业集群与区域发展》，北京大学出版社，2001，第 67 页。

⑥ Chris Ryan：《游憩旅游学——旅游需求与影响》，马晓龙、黎筱筱译，南开大学出版社，2010，第 131 页。

⑦ 谢春山：《旅游产业的区域效应研究——以大连市为例》，旅游教育出版社，2018，第 145 页。

⑧ 范莉娜、敖青青、陈杰：《传统村落内生能力培育的内涵、要素与机制》，《原生态民族文化学刊》2024 年第 6 期，第 99~111 页。

⑨ 刘向明、杨智敏：《对我国"旅游扶贫"的几点思考》，《经济地理》2002 年第 2 期，第 241~244 页。

了乡村的空间性质，推动了乡村生产功能的转型①。而殷紫燕、黄安民的研究证明了旅游产业发展对于共同富裕的正面影响效应②。

（四）旅游产业韧性研究情况

旅游产业在受外部环境如公共卫生事件、自然灾害、恐怖主义和政治动荡等影响时的脆弱性已经被社会所认识，旅游产业的脆弱性极大地影响了旅游产业的发展水平、速度和可持续性，增强旅游产业的韧性是应对其脆弱性的基本方法和手段③④。旅游产业的韧性展现出空间区域的差异性随时间变化而变化，其时空分异特征的影响因素涵盖创新水平、经济发展水平、社会发展水平以及生态因素⑤。就旅游本身而言，关键在于旅游创新水平的提升、旅游资源禀赋、旅游产业专业化水平以及旅游产业的多样化水平⑥；而通过促进区域产业集聚、发展数字经济实现旅游智能化转型等可以提升旅游韧性⑦⑧。

（五）旅游产业转型升级与高质量发展研究情况

旅游产业转型升级和高质量发展是当前旅游研究的重要主题。国内旅游产业更新升级的新动向表现为：全域旅游成为发展趋势；旅游空间的去界效应和跨界连接逐步显现；旅游服务意识与旅游基础设施的优化

---

① 陈劼绮、陆林：《乡村旅游创新的理论框架与研究展望》，《地理学报》2024年第4期，第1027～1044页。

② 殷紫燕、黄安民：《旅游业发展水平对共同富裕的影响效应》，《福建师范大学学报》（自然科学版）2024年第3期，第54～64页。

③ 张鹏飞、郭伟、虞虎：《从脆弱性到韧性：旅游业何以转危为机?》，《旅游学刊》2024年第12期，第45～60页。

④ 方叶林、黄家彤、黄震方等：《中国沿海三大城市群旅游经济韧性的影响因素及组态效应》，《经济地理》2024年第11期，第204～211页。

⑤ 高原、邢婷婷、马瑛敏：《黄河流域旅游韧性时空演变及驱动因子分析》，《西北大学学报》（哲学社会科学版）2024年第6期，第124～136页。

⑥ 王新越、季冉冉：《中国省域旅游经济韧性与效率适配发展及其影响因素》，《中国生态旅游》2024年第1期，第79～92页。

⑦ 贺小荣、任迪川、徐海超：《区域旅游产业集聚对旅游经济韧性的影响及其空间效应研究——以长江经济带为例》，《湖南师范大学自然科学学报》2024年第1期，第54～64页。

⑧ 朱静敏、卢小丽：《数字经济提升旅游经济韧性的作用机制及空间效应》，《地理科学进展》2024年第10期，第2004～2020页。

同步推进①。实现旅游产业高质量发展的内在要求表现为：文旅深度融合是旅游产业高质量发展的内在要求，新质生产力的形成引领旅游产业高质量发展，可持续发展是旅游产业高质量发展的必然要求，旅游产业高质量发展应当体现构建新发展格局的时代目标②。实现旅游产业转型升级和高质量发展的瓶颈表现为：资源与市场不匹配，投入与产出效率低下，旅游形态与产业链脱节等问题；实现旅游产业高质量发展的路径需要从制度改革创新与旅游需求高质量的实现，旅游产业转型升级与旅游供给高质量发展，对接国家战略与旅游区域高质量发展等方面着手③，即贯彻落实创新、协调、绿色、开放、共享的新发展理念来实现旅游产业的高质量发展④。另外，学界对旅游业产业高质量发展的水平测度与评估、时空特征及影响因素进行了研究。

二　海南旅游产业研究情况

（一）海南旅游产业发展条件研究情况

海南旅游资源禀赋丰富，海滨风光、地貌奇观、热带动植物、黎苗风情、开疆文化，还有宜人气候、良好生态等，不一而足，都得到了政府、社会、学界的一致肯定。1999年5月，世界旅游组织秘书长弗朗西斯科·弗朗加利考察海南旅游产业时指出："海南岛天蓝水碧、空气清新、阳光明媚、沙白如银，是一个充满神奇和无穷魅力的度假旅游胜地。"⑤ 海南旅游产业发展初期，就认识到海南的热带海岛旅游资源得天独厚，在全国具有独特性，在世界也很少见。同时，海南还保持着良

① 孙九霞：《国内旅游业更新升级的新动向与新挑战》，《人民论坛》2024年第7期，第94~98页。
② 夏杰长：《旅游业高质量发展的内在要求、时代价值与对策思路》，《价格理论与实践》2024年第5期，第19~25页。
③ 王佳莹、张辉：《中国旅游业高质量发展的现实逻辑与战略路径》，《旅游学刊》2024年第12期，第17~28页。
④ 夏杰长：《旅游业高质量发展的内在要求、时代价值与对策思路》，《价格理论与实践》2024年第5期，第19~25页。
⑤ 《海南旅游年鉴（1997~2000）》，海南年鉴社，2000，第1页。

好的自然生态环境。因此，正是具备这样一些资源条件，自 1988 年建省以来，海南旅游业迅速发展成为重要的支柱性产业。海南历届省委、省政府高度重视旅游业的发展，但在旅游业的产业定位上有过许多讨论。

（二）海南旅游产业的战略与区域效应研究情况

基于对海南旅游资源禀赋优势的认识，海南建省后，一直将旅游产业作为支柱性产业，同时将旅游产业作为对外开放的重要手段和途径。1988 年海南建省办经济特区，不久就确立"农工贸旅并举，三次产业协调发展"的产业发展方针①。此后不久，又确立了旅游产业在第三产业中的龙头地位②。1997 年，旅游产业进一步与热带高效农业、新兴工业确定为产业基石和新的经济增长点，后来概括为"一省两地"（新兴工业省、热带高效农业基地、热带海岛休闲度假旅游胜地）战略③。2008 年，进一步提出"以建设国际旅游岛为目标加快发展现代服务业"④。建设国际旅游岛成为明确的经济社会发展战略目标。2009 年，《国务院关于推进海南国际旅游岛建设发展的若干意见》（国发〔2009〕44 号）将建设"国际旅游岛"提升为国家战略任务。2018 年，海南全岛建设中国特色自由贸易区/港，其战略任务包括建设"国际旅游消费中心"。海南旅游从区域战略上升到国家战略的高度，由此形成了大量的研究实施这些战略的文献。

---

① 《建立和完善社会主义市场经济新体制加快海南经济特区开放和开发步伐——海南省人民政府工作报告》（1993 年 1 月 30 日在海南省第一届人民代表大会第一次会议上），海南政府网，https://www.hainan.gov.cn/hainan/szfgzbg/202108/4c502fe0dac84276ba261042b9848be8.shtml，1993 年 1 月 30 日。

② 《政府工作报告》（1994 年 3 月 1 日在海南省第一届人民代表大会第二次会议上），海南政府网，https://www.hainan.gov.cn/hainan/szfgzbg/202108/caf4ee1b878c416785a03fc96bd62b1f.shtml，1994 年 3 月 1 日。

③ 《政府工作报告》（1997 年 1 月 28 日在海南省第一届人民代表大会第五次会议上）（https://en.hainan.gov.cn/hainan/szfgzbg/202108/5a92316be51f428781d763f1c1f7ed91.shtml？ddtab＝true）。

④ 《政府工作报告》（2008 年 1 月 24 日在海南省第四届人民代表大会第一次会议上）（https://www.hainanpc.gov.cn/hainanpc/hyzl/srdhzt/srdhztsjychy37/20211105151731517 07/index.html）。

基于对海南旅游的带动效应、辐射效应的期待，海南在旅游产业的战略定位上进行了长时间的探索与实践，其发展历程为那些对旅游产业抱有过高期望或持否定态度的人提供了现实的回应。旅游产业与海南经济发展存在相同的发展趋势[①]，旅游产业对于经济增长的拉动作用随着旅游发展质量的提高而增强，海南旅游对于经济增长的拉动作用高于全国平均水平但低于周边省区[②③]。海南旅游发展上升为国家战略之后的主要影响是学界关注的问题，海南国际旅游岛战略是否提高了海南旅游业的国际化水平。从入境旅游人次指标来看，促进海南旅游发展的优惠政策并没有显著提高海南旅游客源市场的国际化水平[④]。而自 2011 年开始施行的离岛免税政策对于旅游产业的影响不容乐观，从长期来看，离岛免税店的设立对城市接待人数具有负向影响[⑤]。尽管这些研究的结论与政策制定的初衷存在偏差，但究其原因，是多方面的。政策的实施效果不仅受到政策效能的影响，还涉及众多其他因素。

（三）海南旅游产业集群发展研究情况

旅游产业的集聚对于区域经济发展的带动作用显著，是区域经济发展的重要基础，也是驱动区域经济发展的重要动力。海南省委、省政府在主导旅游产业发展的过程中，一直注重旅游产业的空间布局，通过重点旅游城市建设、重点旅游区域项目的实施等手段，促进旅游产业的集群发展。从三亚"着力打造国际化热带滨海旅游精品城市"[⑥] 到"高标

---

① 丁攀、王守贞：《旅游产业与海南省经济发展的关联度研究》，《海南金融》2011 年第 4 期，第 70~73 页。

② 袁智慧、李佳宾：《海南旅游业发展对经济增长的拉动效应研究》，《中国农业资源与区划》2018 年第 8 期，第 230~235 页。

③ 武亚楠：《旅游业发展与经济增长——基于海南省 18 市县的面板数据》，《宜春学院学报》2023 年第 2 期，第 41~47 页。

④ 邓涛涛、邹光勇、马木兰：《国际旅游岛战略提升了海南旅游业国际化水平吗？——基于双重差分方法的政策效果评估》，《经济管理》2016 年第 7 期，第 147~155 页。

⑤ 余升国、杨鹏辉：《离岛免税政策是否促进了旅游业发展？——基于政策历史演进的视角》，《旅游科学》2024 年第 8 期，第 1~25 页。

⑥ 《三亚勾勒未来五年发展蓝图 着力打造国际化热带滨海旅游精品城市》（https://www.hainan.gov.cn/hainan/sxian/201611/7fad3148961b4799a873fa13b0d42586.shtml）。

准建设一批大型旅游综合体、旅游度假区、特色风情小镇、主题公园、景区景点等"的战略安排①，都体现着推进旅游产业集聚发展的思想。然而，尽管海南旅游产业发展的空间集聚水平较高，但其集聚效应尚不明显②。应当注意的是，旅游者需求的多样化发展对于旅游环境条件的要求，以及旅游资源非优区的开发利用，决定了在旅游产业集聚——分散之间建立一种平衡。

（四）海南特色旅游产业发展研究情况

探寻、发展海南特色旅游是充分运用资源优势、增强海南旅游吸引力、提高旅游产业区域效应的重要手段和方法。学界也对此进行了不懈的努力。在国家战略层面上，海南无论是建设海洋强省，还是建设国际旅游消费中心，充分利用南海及其连通性是十分重要的条件。发展海洋旅游、邮轮旅游具有区位优势、产业优势和政策优势，海南的海洋旅游、邮轮旅游已经具备较好的条件，可以预期成为具有国际竞争力的特色旅游产业③④。海南具有良好的生态环境、宜人的气候，尤其是四季温差较小，适宜发展医疗健康养老产业，积极推进康养产业成为海南特色旅游产业，2003 年"非典"期间，海南就打出"健康岛""生态岛"的旗帜，目前正在大力推进琼海乐城"医、药、研、产、城"一体化建设。海南康养旅游产业得到了较快的发展，但还存在缺乏整体规划设计、产品体系不完善、品牌形象有待强化、专业技术人才缺乏等问题⑤。海南具有发展生态旅游的天然优势，发展生态旅游是海南旅游产

① 《凝心聚力 奋力拼搏 加快建设经济繁荣社会文明生态宜居人民幸福的美好新海南——在中国共产党海南省第七次代表大会上的报告》，http://cpc.people.com.cn/n1/2017/0502/c64102-29248331.html，2017 年 4 月 25 日。
② 符峰华：《自贸港背景下海南旅游业集聚发展研究》，《中国流通经济》2020 年第 7 期，第 43~59 页。
③ 张扬：《中国特色自由贸易区（港）建设下的海南邮轮旅游产业发展研究》，《华东经济管理》2018 年第 12 期，第 180~184 页。
④ 陈扬乐、王琳等编著：《海洋旅游导论》，南开大学出版社，2009，第 139 页。
⑤ 何彪、谢灯明、蔡江莹：《新业态视角下海南省康养旅游产业发展研究》，《南海学刊》2018 年第 3 期，第 82~89 页。

业的题中之义①，探寻生态旅游发展的路径和特色产品，提升生态旅游的水平与效率成为学界最为关心的话题，而提高数智化服务水平能够显著提升生态旅游效率，这一观点具有普适性②。热带农业是海南最基础的产业，发展热带特色高效农业也是国际自由贸易港建设的重要内容之一。近年来，海南省委提出的"五向图强"中"向种（子）图强"和"向绿图强"都离不开热带特色高效农业的发展。实现旅游业与农业的深度融合，开发乡村休闲、文化旅游及农业体验旅游等产品，提升旅游业的质量和水平，助力乡村振兴③④。

（五）海南旅游高质量发展研究情况

旅游作为一种文化现象说明了文化和旅游的内在联系，文旅融合是提升海南旅游业价值，实现旅游业高质量发展的重要途径。但海南旅游产品存在价值增值不高、人文资源开发不足、旅游体验层次较浅等问题，需要从品牌建设、产品开发、业态深度融合、提升科技支撑水平和加强顶层设计等方面来促进文旅融合，促进海南旅游的高质量发展⑤。旅游高质量发展的根本问题在于实现旅游新质生产力发展，着力提升旅游产业的科技含量和技术支撑水平，以创新生产要素配置为海南旅游产业的发展提供新的动能、促进技术水平以改善旅游产业的技术构成、促进产业结构升级，为旅游产业高质量发展提供可持续性保障⑥。

---

① 唐少霞：《海南发展生态旅游的思路》，《海南大学学报》（人文社会科学版）2001年第3期，第44~48页。

② 罗君名、杨立根、彭雯：《数智化服务对生态旅游产业发展的驱动力分析——以海南为例》，《海南师范大学学报》（自然科学版）2024年第3期，第388~398页。

③ 陈立群：《海南省乡村旅游发展现状及其优化策略研究》，《中国农业资源与区划》2016年第10期，第206~211页。

④ 聂磊、范芳玉：《自贸区背景下海南农旅融合绩效协整分析》，《海南大学学报》（人文社会科学版）2019年第2期，第63~69页。

⑤ 郭强、王晓燕：《文旅融合助推海南旅游业高质量发展研究》，《海南大学学报》（人文社会科学版）2023年第3期，第130~140页。

⑥ 符芳岳、高雨晨、张贝尔：《新质生产力赋能海南国际旅游消费中心高质量发展的逻辑机理、现实挑战及优化路径》，《海南大学学报》（人文社会科学版）2024年第12期，第7页。

三　旅游产业概念

很显然，要讨论研究海南旅游产业的发展，就必须厘清旅游产业的概念。学界对旅游业、旅游产业的认知存在较大的不同。《国际标准产业分类》（ISIC）和各国的国民经济行业分类中，基本没有"旅游业"或"旅游产业"的表述。在《国民经济行业分类》（GB/T 4754—2017）中，与旅游活动直接相关的依然只有住宿和餐饮业，《中国统计年鉴》中也没有直接针对旅游行业的统计数据。美国学者托马斯·戴维森（Thomas Davison）认为，旅行和旅游是指人们为经营、娱乐或私事而外出的活动，已非传统意义上的产业。旅游不仅是经济活动，还是一种文化活动、社会力量，更是影响许多产业的部门①。显然，以戴维森为代表的类似观点是基于对传统产业定义的认识。正如旅游卫星账户对旅游特征产业门类的细分所显示的结果一样，旅游产业的发展已先于其他产业发生了变化，这种变化体现为产业的融合发展，产业边界的模糊性也逐渐显现。由此，我们认同这样的定义：旅游产业是指包括旅游业和为旅游业直接提供物质、文化、信息、人力、智力、管理等服务和支持的行业（部分）的总称②。本书将基于这一定义来探讨海南旅游产业的发展。

第二节　海南旅游资源

海南拥有丰富的、高品质的旅游资源，这是海南旅游发展的坚实基础。全面认识这些资源及其价值是保护资源、发展旅游，推动旅游产业转型升级、实现旅游高质量发展的前提。对于旅游资源的分类可以从内容属性划分为自然旅游资源、人文旅游资源和社会旅游资源，从资源的

---

① 转引自王起敬编著《旅游产业经济学》，北京大学出版社，2006，第93页。
② 王全在、游喜喜、肇丹丹：《旅游产业集群发展研究》，中国财政经济出版社，2013，第68页。

再生性划分为可再生旅游资源和不可再生旅游资源,从存在状态可以划分为现实旅游资源和潜在旅游资源,从品位和级别可以划分为世界级旅游资源、国家级旅游资源、省级旅游资源和市(县)级旅游资源①。M.彼得斯提出的内容属性对资源进行分类是最常见的方法。对于不分品级的资源,我们从资源的内容属性进行归纳;对于区分品级的资源,我们则从资源的内容属性和品级两个维度对海南的旅游资源及类型进行归纳。

一 自然旅游资源

在由各种自然要素、自然物质和自然现象所生成的自然环境或自然景观中,具有观赏、游览、疗养、科学考察和借以开展其他活动的价值,能够引起旅游者来访兴趣的,均属于自然旅游资源。海南主要拥有的自然旅游资源如下。

(一)气候条件

海南省属于热带季风海洋性气候,其气候特征表现为四季不明显,夏无酷热、冬无严寒,气温年较差小,年平均气温较高。旱季、雨季明显,冬春干旱、夏秋多雨,多热带气旋。光、热、水资源丰富。各地的日照时间较长。海南大部分地区年日照时数在 2000 小时以上,中部山区因云雾较多,日照时数约为 1750 小时,西部、南部地区达 2400~2600 小时。各地日照时数一般以 7 月最多,2 月最少。太阳总辐射量为 4500~5800 兆焦耳/米^2。海南岛大部分地区年平均气温为 22.5℃~25.6℃,中部山区略低于 23℃,南部、西部略高于 25℃,等温线呈弧线向南弯曲,气温由中部山区向沿海地区递增,沿海地区温度高于内陆,南部地区温度高于北部。最冷月为 1 月,中部山区月平均气温为 16.5℃,为全岛最低;最热月大部分地区出现在 7 月,月平均气温为 29.2℃,为全岛最高。

---

① 李天元编著《旅游学概论》,南开大学出版社,2009,第 199 页。

海南岛是世界上同纬度降水量最多的地区之一，水汽来源充足，降水总量丰富，时空分布不均。平均年降水量约为 1640 毫米，年降水量呈环状分布，东部多于西部，山区多于平原，山区又以东南坡最多。东部多雨区为 2000~2400 毫米，多雨中心琼中年平均达 2440 毫米；西部少雨区仅 1000 毫米左右。干湿季分明。雨季一般为 5~10 月，旱季为 11 月至次年 4 月。雨季降水约占年降水量的 80%。大部分地区年降水天数超过 100 天，最少的东方为 87 天，最多的琼中达 194 天，雨季各月雨日为 12~22 天，旱季则不到 10 天。①

（二）风光地貌或自然景观

海南岛海岸带景观长达 1944.35 千米（不含海岛岸线），沙岸占 50%~60%，沙滩宽数百米至 1000 多米不等，向海面坡度一般为 5°，缓慢延伸；多数地方风平浪静，海水清澈，沙白如絮，清洁柔软；岸边绿树成荫，空气清新；海水温度一般为 18℃~30℃，阳光充足，一年中多数时间可进行海浴、日光浴、沙浴和风浴。当今国际旅游者喜爱的阳光、海水、沙滩、绿色、空气 5 个要素，海南环岛沿岸均兼而有之。从海口至三亚东岸线就有 60 多处可辟为海滨浴场。环岛沿海有不同类型滨海风光特色的景点，在东海岸线上，特殊的热带海涂森林景观——红树林、热带特有的海岸地貌景观——珊瑚礁，均具有较高的观赏价值。已在海口东寨港、文昌清澜港等地建立红树林保护区。海岸线上有 22 个海角、25 座灯塔、68 个海湾、26 个潟湖，还有 9 个成熟的滨海旅游度假区、32 个景区、216 处名胜古迹。

海南岛周边有海岛 600 余个，主要分布在东部和南部沿海。西沙群岛有岛屿 22 座，陆地面积 8 平方千米，其中永兴岛最大。这些岛屿日照绵长、光能充沛，四周海水清澈，水生资源丰富，极具旅游价值。已开展旅游项目的岛屿有蜈支洲岛、西岛、分界洲岛、西沙群岛等。

海南岛有海拔 1000 米以上的山峰 81 座，绵延起伏、山形奇特、气

---

① 《气候情况》，https://www.hainan.gov.cn/hainan/qhqk/201701/f54b1ce75d1e4aae9103f eefcb7bf026.shtml，海南政府网，2024 年 3 月 1 日。

势雄伟。颇负盛名的有形如五指的五指山、气势磅礴的鹦哥岭、奇石叠峰的东山岭、瀑布飞泻的太平山，以及七仙岭、尖峰岭、吊罗山、霸王岭等，均是登山旅游和避暑的胜地。海南的山岳最具特色的是密布热带原始森林，有乐东尖峰岭、昌江霸王岭、陵水吊罗山和琼中五指山等四大热带原始森林区，尤以乐东尖峰岭最为典型。有全国最大的热带季雨林区，以及五指山、霸王岭、尖峰岭、吊罗山等九大国家森林公园；以这些国家森林公园为基础建立了海南热带雨林国家公园。

海南岛拥有南渡江、昌化江、万泉河等河流，滩潭交错、蜿蜒曲折、河水清澈，是旅游观景的绝佳之地，尤其以万泉河风光最为闻名。大山深处的小河或山间小溪密布，瀑布众多，其中五指山太平山瀑布和琼中百花岭瀑布等久负盛名。海南岛上还有很多水库，特别是松涛、南扶、长茅、石碌等水库具有湖光山色之美。

历史上的火山喷发，在海南岛留下许多死火山口。最为典型的是位于海口的石山，石山有海拔 200 多米的双岭，岭巅之上，两个火山口赫然在目，它们由一道微微下凹的山脊相连，形似马鞍，又名马鞍岭。石山附近的雷虎岭火山口、罗京盘火山口也保存得十分完整。还有不少千姿百态的喀斯特溶洞及石林景观，其中著名的有三亚的落笔洞、保亭的千龙洞、昌江的皇帝洞、东方的俄娘洞、仙安石（土）林等。

（三）动植物资源

海南动物资源丰富，截至 2022 年底，海南发现陆生脊椎动物有 698 种，其中两栖类 46 种、爬行类 113 种、鸟类 455 种、兽类 84 种，其中 23 种为海南特有。列入国家一级、二级重点保护野生动物共有 162 种，其中一级有 30 种、二级有 132 种。海南长臂猿和坡鹿是世界上罕见的珍贵动物，它们的保护状况得到了显著改善。例如，海南长臂猿种群数量恢复到 6 群 37 只。另外，水鹿、猕猴、黑熊等亦十分珍贵。

海南省植被繁茂，生长迅速，种类繁多，是热带雨林与热带季雨林这一自然奇观的原生地。截至 2022 年底，海南岛已有维管束植物 4689 种，包括乔木 723 种、灌木 1246 种、草本 2315 种、藤本 405 种。海南省被列入国家一级、二级重点保护野生植物有 127 种，其中一级有 8 种、二级有 40 种。热带森林植被类型复杂，垂直分带明显，且具有混交、多层、异龄、常绿、干高、冠宽等特点。热带森林主要分布于五指山、尖峰岭、霸王岭、吊罗山、黎母山等林区，其中五指山属未开发的原始森林。热带森林以生产珍贵的热带木材而闻名，属于特类木材的有花梨、坡垒、子京、荔枝、母生等 5 种，一类材有 34 种、二类材有 48 种、三类材则多达 119 种。

海南的海洋水产资源具有海洋渔场广、品种多、生长快和鱼汛期长等特点，是全国发展热带海洋渔业的理想之地。海洋水产在 800 种以上，鱼类就有 600 多种，主要的海洋经济鱼类有 40 多种。许多珍贵的海特产品种已在浅海养殖，可供人工养殖的浅海滩涂约 2.50 万公顷，养殖经济价值较高的有鱼、虾、贝、藻类等 20 多种。淡水鱼（不包括溯河性的鱼）有 15 科 57 属 72 种①。

（四）天然疗养资源

医疗康养优越的气候资源和生态环境让海南成为医疗康养的极佳目的地。博鳌乐城国际医疗旅游先行区是全国唯一的医疗旅游先行区，享有包括加快医疗器械和药品进口注册审批、临床应用与研究的医疗技术准入等优惠政策，逐渐成为世界一流的医疗旅游目的地。在海南，游客不仅能体验到国际顶级医疗技术，还能深度体验中国最有特色的传统中医药文化和康养服务。

海南岛上温泉分布广泛，多数温泉矿化度低、温度高、水量大、水质佳，属于治疗性温泉，且温泉所在区域景色宜人，已形成 6 个成熟的温泉旅游度假区。兴隆温泉、官塘温泉、南平温泉、蓝洋温泉等，适于发展集观光、疗养、科研等于一体的旅游。

---

① 《海南省情概况》，海南史志网，https://www.hnszw.org.cn/index.php/index/News/hngl_info.html? classfly_id = 13&id = 62256&type = 3&class_name = %E6%B5%B7%E5%8D%97%E6%A6%82%E8%A7%88。

二　人文旅游资源

海南历史文物古迹、民族文化活动等人文资源类型丰富、数量较多，形成了大量的物质文化和非物质文化遗产。

（一）历史文物古迹

海南旧石器时代和新石器时代的人类遗址丰富。海南岛西南部沿海地区地形地貌复杂，低山谷地、丘陵盆地交错，垂直分异明显。分布着旧石器时代人类遗址，包括昌江信冲洞、钱铁洞、皇帝洞、叉河砖厂、酸荔枝园、石头崖、混雅岭、燕窝岭等；乐东山荣、凤田、新坡、新庄等；东方荣村（付龙园）、新街、杂汪等。海南东南部沿海地区属于砂质海岸地貌，常年受潮汐、风浪影响，形成多个潟湖、海湾等地理小单元，海洋、陆生生物资源丰富，适合古人繁衍生息。以三亚落笔洞遗址为代表，旧石器时代晚期文化（距今约 10000 年），以及海南东南部沿海地区遗址包括三亚落笔洞、三亚英墩、陵水移辇、莲子湾、桥山，万宁踏头、湾仔头等，西部沿海地区遗址为代表的新石器时代中晚期文化（距今 6500 年至 3000 年），共同构成海南古代文明的发展脉络，彰显了海南古老的海洋文化特质。

海南具有历史意义的古迹主要有为纪念唐宋两代被贬谪到海南岛的李德裕等 5 位重臣而修建的五公祠；北宋大文豪苏东坡居琼遗址——东坡书院以及为纪念苏轼而修建的苏公祠；清代雷琼兵备道焦映汉所修建的琼台书院；明代名臣丘濬墓和明代大清官海瑞墓；相传受汉武帝派遣率兵入海南的将军马援为拯救兵马而下令开凿的汉马伏波井，以及崖州古城、韦氏祠堂、文昌孔庙等。

海南在漫长的历史中形成了颇具特色的历史文化街区，主要有海口骑楼老街、琼海嘉积溪仔街、文昌铺前老街和文南老街、万宁万城老街、定安古城老街、琼海乐城老街、儋州王五老街、儋州中和老街、三亚崖城老街等。

"二十三年红旗不倒"的琼崖革命精神是海南省弘扬革命传统、传承红色基因的核心要素之一，其中著名的革命纪念地或红色经典景区以海口琼崖红军云龙改编旧址、定安母瑞山革命根据地纪念园、临高角海南解放公园、琼海红色娘子军纪念园等为典型代表。还有白沙起义纪念馆、张云逸大将纪念馆、陵水县苏维埃政府旧址、金牛岭烈士陵园等承载着海南红色记忆的纪念地。

（二）民族文化及表现场所

海南是一个多民族聚居的省份，其中世居民族有汉族、黎族、苗族、回族，其他民族的居民在新中国成立后陆续迁入，广泛分布于全省各地。黎族是海南岛上最早的民族。世居的黎族、苗族大多数聚居在海南岛中部、南部的乐东、陵水、昌江、保亭、琼中、白沙等自治县及三亚、东方、五指山等市；回族主要聚居在三亚市；汉族主要聚居在海南东北部、北部和沿海地区。民族地区陆地面积占全省陆地面积的 48%。海南岛的世居少数民族至今保留着许多质朴敦厚的民风民俗和生活习惯，使海南的社会风貌显得尤为独特且多彩，这些特色具有独特的旅游观光价值。黎苗文化在物质和非物质领域均有丰富的遗存，在数千年的历史发展过程中，不仅保留了较为丰富的物质文化遗产，而且随着社会的进步产生了新的内容和特质，如列入世界遗产预备清单的"海南热带雨林和黎族传统聚落"等。黎族的物质形态文化非常丰富，如民居（船型屋、金字架屋）、黎锦、黎族服饰、踞地式纺织机、陶器、黎药、竹木乐器以及各类历史文化遗址等；苗族的物质形态文化，如民居、蜡染、服饰、乐器、苗药等。

海南省是全国著名的侨乡，华侨文化资源丰富。据官方统计，截至 2022 年底，全省有 130 多万归侨侨眷，主要分布在海口、文昌、琼海、万宁等主要侨乡和文昌华侨农场、琼海彬村山华侨农场、万宁兴隆华侨农场、东方市华侨农场、澄迈华侨农场等五大华侨农场；全省有琼籍海外同胞 390 万余人，他们分布在 50 多个国家和地区，其中 80% 以上集中在东南亚。全世界有 400 多个地缘性、血缘性和业缘性的海外同胞琼属社团，分布在世界各地。

海南非物质文化遗产项目众多，其中国家级非遗代表性项目达 32
项，省级以上非遗代表性项目 82 项，市县级以上非遗代表性项目 300
多项。其中，2009 年，"黎族传统纺染织绣技艺"被联合国教科文组织
列入首批"人类非物质文化遗产代表作名录"。这些非物质文化遗产项
目涵盖民间文学、传统音乐、传统舞蹈、传统戏剧、传统体育、游艺与
杂技、传统美术、传统技艺、传统医药、民俗等众多领域。

（三）有重大影响的体育和文化盛事

黎族和苗族"三月三"节、春节、军坡节、端午节等民俗及传统
节日活动内容丰富、多姿多彩。博鳌亚洲论坛为政府、企业及专家学者
等提供一个共商经济、社会、环境及其他相关问题的高层对话平台。博
鳌亚洲论坛的规模和影响力不断扩大，为凝聚各方共识、深化区域合
作、促进共同发展、解决亚洲和全球问题发挥了独特作用，成为连接中
国和世界的重要桥梁，成为兼具亚洲特色和全球影响力的国际交流平
台，也成了重要的旅游景观。

（四）主题公园和现代人造游乐场所

海南主题公园主要有陵水黎安海南海洋欢乐世界度假区、文昌海南
航天主题公园、海口欢乐谷、海口万绿园等。

三 社会旅游资源

海南的社会旅游资源主要包括经济建设和科技发展两大方面，且这
些资源正在不断得到丰富和发展。

（一）经济建设

海南岛拥有丰富的热带水果和蔬菜资源，极大丰富了自然景观。海
口桂林洋国家热带农业公园、琼海世界热带水果之窗、琼中绿橙生产基
地等，依托现代农业和林业基础，通过建设热带林果品种园、热带作物
博览园等系列项目，推进全球热带果蔬种质资源培育、引进和产业化
推广。

海南岛是理想的天然盐场，纯净的海水和丰富的矿物质以及传统的

匠人工艺造就了国家地理标志产品——海南岛盐。海南已建有东方盐场、莺歌海盐场两个大型盐场，其中莺歌海盐场是我国三大盐田之一。

海南作为杂交水稻的发祥地之一，"杂交水稻之父"袁隆平在三亚南红农场发现了一株"野稗"野生稻，成功培育出杂交水稻。如今，海南南繁育种成为杂交水稻的发祥地，也成为海南经济增长的重要引擎。

在推进旅游发展和美丽乡村建设的过程中，形成了一批特色风情小镇和特色美丽乡村。如海口的演丰镇、云龙特色风情小镇及观澜湖高尔夫小镇，文昌的潭牛南洋风情小镇、东郊镇和龙楼镇，定安的龙门镇，琼海的博鳌天堂小镇和会山镇，澄迈的福山咖啡小镇，儋州的雪茄小镇，万宁的希望小镇，保亭的三道旅游小镇，三亚的海棠湾旅游风情小镇等。建设了一批省级乡村旅游示范区、省椰级乡村旅游点和乡村旅游示范点创建单位，培育了如海口荣山寮村、北港岛村、五指山毛纳村、三亚博后村、六盘村、大茅远洋生态村共享农庄等乡村旅游品牌。

（二）科技发展

海南最富有吸引力的科技成就主要有文昌航天发射场和崖州湾科技城。文昌航天发射场位于文昌市龙楼镇，隶属于西昌卫星发射中心，是中国首个开放性滨海航天发射基地，也是世界上为数不多的低纬度发射场之一。该发射场可以发射长征五号系列火箭、长征七号运载火箭和长征八号运载火箭，主要承担地球同步轨道卫星、大质量极轨卫星、大吨位空间站和深空探测卫星等航天器的发射任务。配套有文昌市航天科普馆，它是海南省首个以航天为主题的科普教育馆，是海南省首批"海南省科学家精神教育基地"。三亚崖州湾科技城位于三亚市西部，是海南省"自由贸易港"建设的重要组成部分，包括南繁科技城、全球动植物种质资源引进中转基地、全球生物谷（三亚）、三亚深海科技城、南山科考母港等。

第三节　海南旅游产业发展

1983 年 4 月，中央作出加快海南岛开发建设的决定中指出："海南岛有条件逐步建成国际避寒冬泳和旅游胜地。"1986 年 1 月，在国务院召开的全国旅游工作会议上，宣布海南岛为全国 7 个重点旅游区之一；国家"七五"计划也将海南岛列为全国 7 个旅游重点城市和地区之一，这标志着海南旅游产业开始迅速发展。海南建省后，旅游产业一直被作为支柱性产业发展，在不同的时期被赋予不同的历史任务，随着国家战略的适应性调整，旅游业的战略任务和目标也进行了相应的调整，但旅游业的发展一直呈现较为强劲的势头。

一　海南旅游产业发展阶段

尽管海南建省后，旅游业发展的目标有所调整，但一直谋求高速度、高水平、高质量发展旅游产业，旅游产业在发展过程中也呈现自身阶段性特征和时空演变特点。

从旅游产业发展的战略定位来看，可以将海南旅游产业发展划分为以下三个阶段。

第一个阶段是从海南建省到"国际旅游岛"战略上升为国家战略之前，即 1988~2009 年；这一时期，对于旅游产业的战略定位是"农工贸旅并举"，旅游产业与农业、工业、贸易一起作为支撑海南经济特区建设的支柱来进行发展；旅游业被赋予第三产业龙头产业的地位，海南省第一届人民代表大会第二次会议提出，要"争取用五年或更短的时间，逐步建立起以旅游为龙头、门类齐全、布局合理、知识密集的第三产业，形成开放型、多层次、多功能的市场体系和社会化综合服务体系"①。

---

① 《1994 年海南省人民政府工作报告》（1994 年 3 月 1 日在海南省第一届人民代表大会第二次会议）（https://www.hainan.gov.cn/hainan/szfgzbg/202108/caf4ee1b878c416785a03fc96bd62b1f.shtml）。

1996 年 1 月，海南省委二届四次全会提出"一省两地"发展战略，即把海南建设成为"中国的新兴工业省、中国热带高效农业基地、中国度假休闲旅游胜地"；希望把海南建设成为"中国度假休闲旅游胜地"。这些旅游发展战略，对于海南旅游业的发展起到了重要推动作用，旅游设施和设备、旅游景区景点迅速增加，旅游交通能力迅速提升；旅游人数从 1988 年的 36.48 万人次增加到 2009 年的 2250.33 万人次，增长 60.69 倍，年均增长速度为 21.69%。

第二个阶段是从 2009 年 12 月 31 日《国务院关于推进海南国际旅游岛建设发展的若干意见》（国发〔2009〕44 号）发布至 2018 年 4 月 13 日习近平总书记宣布，党中央决定支持海南全岛建设自由贸易试验区，支持海南逐步探索、稳步推进中国特色自由贸易港建设。① 该意见明确建设国际旅游岛的战略定位是：我国旅游业改革创新的试验区、世界一流的海岛休闲度假旅游目的地、全国生态文明建设示范区、国际经济合作和文化交流的重要平台、南海资源开发和服务基地、国家热带现代农业基地。十年发展目标是：到 2020 年，旅游服务设施、经营管理和服务水平与国际通行的旅游服务标准全面接轨，初步建成世界一流的海岛休闲度假旅游胜地。旅游业增加值占地区生产总值比重达 12% 以上，第三产业增加值占地区生产总值比重达 60%，第三产业从业人数比重达 60%，力争全省人均生产总值、城乡居民收入和生活质量达到国内先进水平，综合生态环境质量继续保持全国领先水平，可持续发展能力进一步增强。应该说，这一阶段，海南省人民政府和社会对旅游产业寄予了最大希望、倾注了最大热情，虽然到 2020 年，这些数值目标中仅旅游人数目标达成，其他数值目标均未实现，但旅游产业的发展非常迅速，规模迅速扩大、业态不断丰富这一事实不容置疑。根据海南省旅游和文化广电体育厅发布的数据，海南省接待的旅游人数从 2009 年的 2250.33 万人次上升至 2018 年的 7627.39 万人次，增长了 2.39 倍，年

---

① 《习近平：在庆祝海南建省办经济特区 30 周年大会上的讲话》，中国政府网，https://www.gov.cn/xinwen/2018-04/13/content_5282321.htm，2018 年 4 月 13 日。

均增长速度为 14.53%，高出全国平均增长速度 1.93 个百分点。

第三个阶段是宣布海南建设中国特色自由贸易港之后，确立了"三区一中心"的战略定位，其中"国际旅游消费中心"就是战略定位之一。将旅游业定位于"国际旅游消费中心"，其对品质的要求不言而喻。促进旅游产业的转型升级、实现高质量发展成为旅游产业发展的根本任务。2020~2022 年，受新冠疫情影响，旅游产业经历了严重下降；2023 年，全国旅游人数尚未恢复到 2019 年的水平，而海南则迅速超过了 2019 年的水平（8311.2 万人次），实现了显著增长，达 9000.62 万人次。根据海南省旅游和文化广电体育厅发布的数据，2023 年，海南旅游人数的年均增长率高于全国平均水平 5.83 个百分点。

二　海南旅游产业类型及其发展

海南旅游产业的发展，一方面为满足不断增长的旅游需求而逐步扩展，旅游企业数量逐渐增加、旅游服务质量逐步提高、产品类型逐步增加；另一方面则是在充分研判旅游发展的基本趋势和潜在需求的基础上，实现预先规划、设计新的旅游业态和旅游产品，激发并引导新的旅游需求。

（一）海南旅游产业的基本类型及发展

海南旅游产业的基本类型包括满足食、住、行、游四类需求的企业，具体体现为旅游景区、旅行社（旅游公司）、酒店和旅游车船公司。到 1983 年时，海南尚无一家旅游饭店[①]。为发展旅游产业，海南建省后即大力进行旅游投资，进行旅游设施等建设。截至 1988 年底，国家和地方财政共投入 2.96 亿元人民币、5732 万美元、1.13 亿元港币用于旅游投资及新建和改建饭店、购置旅游服务设施等。截至 1988 年底，全省拥有涉外旅游饭店 49 个，床位 1.1 万张；经营旅游业务的一类旅行社 1 个，二类旅行社 27 个，三类旅行社 11 个；主要涉外旅游车辆

---

① 海南省地方志办公室编《海南省志·旅游志（1988~2010）》，方志出版社，2020，第 158 页。

300 辆；涉外旅游从业人员 5000 人，国内旅游从业人员 2000 多人，其中，旅游系统的干部、职工近 3000 人[①]。以海口与三亚市南北对应辐射全省的旅游网络正逐步形成，旅游交通条件逐步改善。海口机场已与北京、上海、沈阳、广州、西安等旅游热点城市通航，并开通了直达香港的直航班机和海运航线，方便了境内外游客的出行。

在推进海南旅游业的发展过程中，旅游景区、旅行社、酒店等逐步增加、品质逐步提升，截至 2022 年底，全省有 A 级旅游景区 84 家，其中 5A 级旅游景区 6 家，4A 级旅游景区 33 家，3A 级旅游景区 30 家；旅游度假区 5 家，其中国家级旅游度假区 1 家，省级旅游度假区 4 家。截至 2022 年底，全省有旅行社 817 家，其中出境社 57 家。海南省有各类旅馆酒店约 6636 家，有客房总数约 32 万间、约 52 万张床位；其中，全省五星级酒店 21 家，四星级酒店 37 家，三星级酒店 41 家。全省品牌酒店有 320 家，国际品牌酒店 105 家，国内知名酒店管理集团旗下品牌（含连锁品牌）酒店 215 家[②]。

尽管海南在交通基础设施的投资相对有限，但旅游交通却因此得到迅速发展。2022 年，通航机场有海口美兰国际机场、三亚凤凰国际机场、琼海博鳌机场和三沙永兴机场，共运营航线 422 条，其中，国内航线 411 条，国际航线 11 条。海南省铁路主要有环岛高铁、西环普速铁路和粤海铁轮渡，营运里程 1039 千米，其中环岛高铁 653 千米，普速铁路 386 千米。公路通车总里程 40374 千米，其中高速公路 1399 千米、普通国省干线 3564 千米、农村公路 3.53 万千米，公路网密度达到每一百平方千米 118.5 千米，高速公路网密度提升至每一百平方千米 3.7 千米[③]。全省建成以"田字型"高速公路为主动脉，以"三纵四横"的国省道公路为主骨架，旅游公路为补充，高等级公路沟通市（县），辐射开发区和旅游区，乡乡通油路，村村通公路，县乡村道支干相连，各市

---

① 《海南特区经济年鉴（1989）》，新华出版社，1989，第 272 页。
② 《海南年鉴（2023）》，海南年鉴社，2023，第 328 页。
③ 《海南年鉴（2023）》，海南年鉴社，2023，第 348、351、359 页。

（县）互联互通、贯通东西南北、辐射全岛的"安全、高效、集约、绿色"的公路网格局。初步建成北有海口港、南有三亚港、东有清澜港、西有八所港和洋浦港的"四方五港"格局，所有港均为国家一类港口。不同层级的交通网的构建为海南全岛乃至西沙的旅游提供了基本保障。

（二）海南旅游产业的新业态

1. 文化旅游

海南认真落实党的二十大报告提出的"坚持以文塑旅、以旅彰文，推进文化和旅游深度融合发展"①的方针。近年来，大力开展文物保护工作，保护和运用东坡书院、崖州故城、疍家博物馆、落笔洞遗址等文化遗产，发展文化旅游。扩大、提升特色旅游文化品牌影响力，大力促进旅游与节庆会展融合。举办包括首届中国（海南）东坡文化旅游大会、开展东坡大会等系列活动；同时，还举办了海南国际设计周、海南锦绣世界文化周、海南文化和自然遗产日、海南非遗购物节、海南非遗美术展等一系列活动。建设国家南海文博产业园、中国海南国际文物艺术品交易中心、国家文物局水下文化遗产保护中心南海基地，推进非国有博物馆集群、中国（海南）黄花梨沉香博物馆等建设；实现海南国际文化艺术品交易中心上线运营等。

2. 体育旅游

海南省相继出台《海南省创建国家体育旅游示范区实施方案（2022～2025）》等相关政策文件，指导各县（市、区）创建体育旅游示范区。2022 年，海口、三亚、万宁、陵水、白沙 5 个市（县）完成省级体育旅游示范区验收。9 个体育训练基地被国家体育总局正式命名为国家体育训练南方基地，由国家体育总局统一挂牌，承接包括举重、足球、橄榄球、帆船帆板、乒乓球等多个项目国家队以及其他省、市（区）优秀运动队冬训或长期驻训任务。成功举办首届中国（海南）体

---

① 《习近平：高举中国特色社会主义伟大旗帜 为全面建设社会主义现代化国家而团结奋斗——在中国共产党第二十次全国代表大会上的报告》，https://www.gov.cn/xin-wen/2022-10/25/content_5721685.htm，中国政府网，2022 年 10 月 25 日。

育用品和装备进口博览会及首次体育产业推介会；举办海南沙滩运动嘉年华、海南亲水运动季、海南国际定向运动旅游周、中国（海南）环岛海钓大奖赛、越山向海人车接力巅峰赛等体旅融合的品牌体育赛事活动。万宁华润石梅湾旅游度假区被评为国家体育旅游示范基地。获得国家体育旅游精品项目6项，其中获得全国十佳4项。

3. 乡村旅游

开展椰级乡村旅游点评定，根据乡村旅游服务设施、服务水平的开展评定，保障乡村旅游服务质量。截至2022年底，累计评定椰级乡村旅游点241家。积极组织申报全国乡村旅游重点镇、重点村，已有如海口石山镇等一批镇入选全国乡村旅游重点镇名录，三亚市吉阳区博后村、琼海市博鳌镇南强村等入选全国乡村旅游重点村名录。

4. 购物旅游

海南实施促进旅游业恢复重振超常规措施等政策，推出十大主题营销活动，开展营销推广百日行动，发放旅游消费券，推动旅游消费和旅游市场的积极复苏。大力发展离岛免税购物，建设了三亚、海口一批免税购物店，引进中国免税品（集团）有限责任公司，设立海南省免税品有限公司等企业，推动免税购物，以提升海南旅游新动力。

5. 会展旅游

海南连续举办中国国际消费品博览会（以下简称"消博会"），力图使该博览会成为引领全球消费潮流的重要平台之一。2024年，第四届消博会还首创全岛办展模式，创新推行"1+N全岛办展"模式。除继续在海南国际会展中心设置主会场外，在海口、博鳌等地新增帆船游艇、免税购物、国际健康3个分会场，充分利用自由贸易港"零关税"交通工具及游艇清单扩容等政策优势，体现消费新场景、新领域和新亮点。此外，还有海南国际旅游岛欢乐节、海南鸡饭节等主题节庆会展活动。

6. 健康旅游

积极推动海南健康旅游持续发展，"医疗+康养""森林+康养"

"乡村+康养""运动+康养""温泉+康养"等复合型、多维度且跨业态的康养旅游产品逐渐成形。

7. 红色旅游

举办以"重走琼崖红军之路,追逐百年红色足迹"为主题的海南红色旅游文化系列推广活动。将"红色"与乡村旅游、体育旅游、美食旅游等各类旅游资源深度融合,推出覆盖全省的多条精品线路。

8. 海洋旅游与邮轮游艇旅游

持续推进滨海旅游持续发展,举办海南亲水运动季、万宁国际冲浪节等品牌赛事活动;推出潜水、沙滩、冲浪、帆船、帆板、摩托艇、水上自行车等项目;三亚后海村、万宁日月湾冲浪小镇等冲浪地点成为全国乃至世界知名的"冲浪胜地"。推动西沙、越南等邮轮旅游,近海游艇旅游。

9. 低空旅游

海南低空旅游产品从直升机观光的单一项目逐步发展为以娱乐飞行体验、低空游览观光为主的多类型项目。根据海南省航空运动协会统计,截至 2022 年,全省有 10 个低空飞行涉旅基地,10 家经营主体,覆盖三亚市、琼海市、万宁市、陵水县、东方市、乐东县、儋州市等 7 个市(县)①。涉及航空运动类项目主要有跳伞、滑翔伞、动力伞、直升机观光等。

---

① 《海南统计年鉴(2023)》,第 103 页。

第二章 海南旅游产业发展 战略与实践

与全国旅游产业发展轨迹一致的是，海南旅游产业同样是满足以接待境外旅游者为主的需要，从起初的旅游统计可以明显地看出这个特征。1983 年 4 月，中央作出加快海南岛开发建设的决定，并要求"逐步建成国际避寒冬泳和旅游胜地"，并被国家"七五"计划列入全国 7 个旅游重点城市和地区之一，海南旅游产业进入全面发展阶段。

第一节 海南政府主导型旅游产业发展战略

政府主导是我国旅游产业发展普遍采用的战略，海南旅游产业的全面发展一开始就是国家产业政策的指引，有明确的旅游发展定位，是典型的政府主导型的旅游产业发展。

一 建省办经济特区，建设"旅游大省"的旅游产业发展战略

（一）工农贸旅并举战略

如前文所述，海南建省之前，已经定位于"国际避寒冬泳和旅游胜地"并被列为国家重点旅游区。1988 年，海南建省后，制定的《海南经济发展战略》确定了"以工业为主导、工农贸旅并举"的经济发展方针，并制定了旅游发展战略和明确的自 1988～2030 年的分期目标。确定旅游发展定位是"把海南建成有自己的特色又具有世界先进水平的

避寒、观光、度假和购物的旅游胜地"。根据这一发展定位，制定了以下分期战略目标。

近中期（创建期）（1988~1995年）战略目标。以1988年为起点，用3~5年的时间，大力培养和引进人才，加强基础设施建设，积极积累和引进资金与技术，建立和健全法规，打好发展旅游业的扎实基础。再用5年时间，在积极发展国内旅游的同时，大力发展国际旅游，大量吸引海外游客，把海南初步建成避寒、观光、度假和购物的旅游胜地。

长期（中兴期）（1996~2005年）战略目标。在实现近中期目标的基础上，用10年左右的时间，瞄准国际旅游市场，继续大力发展国际旅游，合理配置各种设施，满足不同层次旅游者的需要，服务质量和经营管理达到国际水平，基本实施战略总目标，使海南成为国内和国际旅游的热点地区。

远期（全盛期）（2006~2030年）战略目标。在实现长期目标的基础上，用25年左右的时间，凭借优美的自然环境，先进的国际旅游设施，一流的服务质量和旅游管理水平，提升海南在国际旅游市场的占有率，使海南成为国际旅游最有吸引力的热点地区之一。

（二）以旅游为龙头带动第三产业发展战略，建设旅游大省

1996年1月，海南省委二届四次全会对海南发展的目标进行了新的概括，努力把海南建设成为中国的新兴工业省、中国热带高效农业基地、中国度假休闲旅游胜地，即"一省两地"产业发展战略。同年2月，海南省第一届人民代表大会第四次会议提出"以旅游业为龙头，积极发展第三产业"[①]。尽管这时提出的以旅游业为龙头促进房地产业的发展是重要的意图，但对于旅游业的关联、辐射作用有了新的认识，进一步认识到了旅游产业的发展对于区域经济发展的促进作用、对提高人民生活水平和质量的作用，对加强对外交流与合作的作用、对提高本地服务业质量和水平的作用、对传导到现代化生活方式的作用。"旅游业

---

① 《关于海南省国民经济和社会发展"九五"计划和2010年远景目标纲要的报告》（1996年2月6日在海南省第一届人民代表大会第四次会议上）。

的进一步发展，对改善基础设施，扩大经济合作与交流，提高全社会的服务质量，促进第三产业的发展以至整个经济社会的全面繁荣，都将起到一定的积极作用"①。这次会议审议通过的《海南省国民经济和社会发展"九五"计划和 2010 年远景目标纲要》对海南旅游建设的定位更加明晰地表述为：把海南逐步建设成为国内外知名度高、吸引力强的中国度假休闲旅游胜地。同时要求，旅游业的规划、建设、经营，要以市场为导向，突出海南热带海岛和少数民族的风情特色，树立"大旅游"观念。旅游市场的开发，要以国内市场为基础，海外、国内和出境旅游客源市场并举。在内地，优先开发华南、华东、西南等近程市场，重点突破北京、上海、广州等大城市市场，拓展沿海经济发达地区市场。要稳步发展港澳市场，大力开拓台湾市场，重点开拓韩国、日本、新加坡等周边市场，积极拓展德国、美国等国家的市场。景点和设施建设必须统筹规划，分步实施，各具特色，避免雷同。加快旅游业的发展，要搞好旅游业的综合配套建设。海南省四届人大二次会议依然强调，要"大力发展以旅游业为龙头的现代服务业。以旅游业为龙头的现代服务业是海南最具支撑和带动作用的产业。加快旅游业转型升级，对保增长、扩内需具有重要作用"②。

在"一省两地"战略的实施中，囿于技术的限制和海南社会发展的现状，中国热带高效农业基地的建设难以实现预想的发展速度，只能进行更加长期的战略安排；鉴于传统工业化引发的生态环境问题，同时技术发展的制约和工业发展条件的限制，新兴工业领域也未能达成预想的目标。唯独中国度假休闲旅游胜地得到了与其他两个目标相比较好的发展，这使海南在产业发展战略层面对旅游产业有了更大的期待。

---

① 《关于海南省国民经济和社会发展"九五"计划和 2010 年远景目标纲要的报告》（1996 年 2 月 6 日在海南省第一届人民代表大会第四次会议上）。

② 《2009 年海南省人民政府工作报告》（2009 年 1 月 12 日在海南省第四届人民代表大会第二次会议上），中国政府网，https://www.gov.cn/2009lh/content_1239674.htm。

二 国际旅游岛建设中的旅游产业发展战略

为推进国际旅游岛建设，海南省政府于 2007 年 4 月 23 日向国务院呈报了《关于设立海南国际旅游岛综合试验区的请示》。年内，海南国际旅游岛申报工作取得突破，国务院支持海南实行更加开放的旅游政策。

2008 年 4 月 26 日，时任省委书记卫留成在海南省第五次党代会的报告中强调，要加大旅游开放，推动国际旅游岛建设。要以建设国际旅游岛为载体，全面提升旅游开发开放水平。

2009 年 12 月 31 日，国务院发布《关于推进海南国际旅游岛建设发展的若干意见》（国发〔2009〕44 号），国际旅游岛建设正式上升为国家战略。"建设海南国际旅游岛，是党中央、国务院赋予海南的新使命。""海南进入了一个新的重大发展机遇期"①。国际旅游岛上升为国家战略，赋予海南建成我国旅游业改革创新的试验区、世界一流的海岛休闲度假旅游目的地、全国生态文明建设示范区、国际经济合作和文化交流的重要平台、南海资源开发和服务基地、国家热带现代农业基地等六个方面的使命，其中，在旅游业发展中，海南应承担的任务主要包括建设"世界一流的海岛休闲度假旅游目的地"，并同时作为"旅游业改革创新的试验区"。从某种程度上讲，"世界一流的海岛休闲度假旅游目的地"只是海南自身建设的问题；"旅游业改革创新的试验区"的任务更加重大，肩负着为全国旅游业改革创新提供成功经验和借鉴的任务。这就要求"国际旅游岛"建设必须取得成功，在旅游发展模式与方式、旅游业态与产品的创新、旅游与其他行业的融合发展、旅游与区域发展、旅游企业的经营与管理等多方面创造经验。

2010 年 6 月 8 日，国家发展改革委正式批复《海南国际旅游岛建

---

① 《2010 年海南省人民政府工作报告》（2010 年 1 月 25 日在海南省第四届人民代表大会第三次会议上），海南省人民代表大会常务委员会网站，https://www.hainanpc.gov.cn/hainanpc/hyzl/srdhzt/srdhztsjschy10/20211105151822 70491/index.html，2010 年1 月 30 日。

设发展规划纲要》（以下简称《纲要》）。《纲要》是海南国际旅游岛规划建设的指导性、纲领性文件，主要明确海南国际旅游岛建设的指导思想、战略定位、发展目标和重点任务，并在全面分析海南国际旅游岛建设发展的内外部条件的基础上，从空间布局、基础建设、产业发展、保障措施、近期行动计划等方面对国际旅游岛建设作出具体工作安排。根据《纲要》提出的国际旅游岛建设的发展目标，到2020年，海南将初步建成世界一流的海岛休闲度假旅游胜地。届时，海南的旅游业增加值占地区生产总值比重达12%，第三产业占比将达60%，第三产业从业人数占比达60%。海南省人均生产总值、城乡居民收入和生活质量力争达到国内先进水平，综合生态环境质量继续保持全国领先水平。《纲要》提出，海南国际旅游岛建设发展原则为"六个坚持"，即坚持国际标准，打造精品；坚持强岛富民，普惠民生；坚持生态优先，保护环境；坚持改革创新，先行先试；坚持规划引导，扎实推进；坚持统筹协调，全面发展[①]。

应该说，海南国际旅游岛战略对于海南的产业发展并不是仅仅规划了旅游产业，而是一个以旅游业为龙头，促进海南全面发展的战略。在国际旅游岛的建设过程中，对于海南的产业战略也进行了适应性调整。在海南产业发展的过程中，逐步认识到海南"产业结构单一、增长质量效益不高"，应当"积极谋划海南长远健康发展"。2016年《海南省人民政府工作报告》指出，"积极推进调结构、转方式，重点发展十二个产业，夯实海南长远发展基础"。这十二个重点产业包括旅游业、热带特色高效农业、互联网产业、医疗健康产业、现代金融服务业、会展业、现代物流业、油气产业、医药产业、低碳制造业、房地产业、高新技术和教育文化体育产业等。"十二个重点产业"的确定，表明海南对于产业发展战略认识提到了新高度，也为提出新的产业发展战略提供了思想基础。

---

① 《海南统计年鉴（2011）》，第176页。

三 自由贸易港建设中的旅游产业发展战略

2018 年 4 月 13 日，在庆祝海南建省办经济特区 30 周年大会上，习近平总书记宣布：海南"建设自由贸易试验区和中国特色自由贸易港，发挥自身优势，大胆探索创新，着力打造全面深化改革开放试验区、国家生态文明试验区、国际旅游消费中心、国家重大战略服务保障区，争创新时代中国特色社会主义生动范例，让海南成为展示中国风范、中国气派、中国形象的靓丽名片"。[①] 2020 年 6 月 1 日，中共中央、国务院印发了《海南自由贸易港建设总体方案》，并发出通知，要求各地区各部门结合实际认真贯彻落实。《海南自由贸易港建设总体方案》对海南现代产业体系建设作出了新的战略安排，即要"大力发展旅游业、现代服务业和高新技术产业，不断夯实实体经济基础，增强产业竞争力。"[②] 具体到旅游业，要在坚持生态优先、绿色发展的前提下，围绕国际旅游消费中心的建设，推动旅游与文化体育、健康医疗、养老养生等深度融合发展，进一步提升博鳌乐城国际医疗旅游先行区的发展水平，促进支持文化旅游产业园建设，促进特色旅游产业集群的快速发展，努力培育旅游新业态、新模式，创建全域旅游示范省。同时，赋予三亚加快向国际邮轮母港发展的任务，支持建设邮轮旅游试验区、吸引国际邮轮注册。延长旅游产业链条，促进旅游装备制造业发展，设立游艇产业改革发展创新试验区。增加高水平、高质量的旅游供给和服务，积极支持创建国家级旅游度假区和 5A 级旅游景区，满足不断增加的旅游需求和不断提高的旅游服务质量需求。

2021 年，提出"打造种业、深海、航天三大科创高地，争取国家实验室落户海南，培育一批国家重点实验室，建设全国深海科技基地、成果孵化转化基地和航天重大产业基地"。"构建现代产业体系，在推

---

① 《习近平：在庆祝海南建省办经济特区 30 周年大会上的讲话》，中国政府网，https://www.gov.cn/xinwen/2018-04/13/content_5282321.htm，2018 年 4 月 13 日。

② 《中共中央　国务院印发〈海南自由贸易港建设总体方案〉》，中国政府网，https://www.gov.cn/zhengce/2020-06-01/content_5516608.htm，2020 年 6 月 1 日。

动经济高质量发展方面走在全国前列。夯实实体经济基础，形成旅游业、现代服务业、高新技术产业、热带特色高效农业'3+1'产业发展格局"①。把《海南自由贸易港建设总体方案》安排的大力发展旅游业、现代服务业和高新技术产业进一步具体化。对旅游业的产业形态和布局进行了进一步的优化。

第二节 海南旅游产业发展的政策与实践

海南旅游产业的发展，得益于一系列战略性的政策制定与实施。这些政策旨在促进旅游产业的合理开发、保护旅游资源、规范市场秩序，并维护旅游者与经营者的合法权益。通过这些政策的落实，促进了旅游业的发展，旅游业发展的现实也验证了这些政策的有效性。

一 海南旅游产业政策及其发展

自海南建省或者上溯至 1983 年 4 月中央作出加快海南岛开发建设的决定以来，海南发展旅游业，把旅游业作为支柱性产业发展的战略未发生过动摇。与战略相配套的政策也是一以贯之。

（一）产业扶持与发展政策

海南旅游业的发展起点低，基础设施不完善，需要根据不同发展阶段的具体情况，制定相应的旅游产业扶持和发展政策。海南建省初期，旅游业发展的重点是在做好旅游规划的基础上，加强基础设施建设投资，搞好通信、交通、能源、水源和城市公共设施的配套；加强旅游景区景点、宾馆饭店、旅游运输企业的建设；进行旅游游乐设施、旅游商品基地建设。随着旅游业的发展，推动旅游产业转型升级、提升服务质量成为亟待解决的问题。海南省及时进行整顿并以此为契机着力提升旅

---

① 《2021 年海南省人民政府工作报告》（2021 年 1 月 24 日在海南省第六届人民代表大会第四次会议上），海南政府网，https://www.hainan.gov.cn/hainan/szfgzbg/202102/40b0485136d642a7b9c5454bffe85fdb.shtml，2021 年 2 月 1 日。

游业发展质量，认真落实《海南省旅游发展总体规划（2017~2030）》，指导市（县）和重点旅游景区搞好规划和建设，制止旅游资源盲目开发和低水平重复建设；按照"高水平规划、高标准建设、高效能管理"的要求，建设一批高水平的旅游度假区和旅游景区。积极引进国内外大企业大集团参与重点旅游区和旅游房地产项目的开发建设；引进省外、国外的知名旅行社来海南开展旅游业务，支持和引进境外酒店管理集团参与星级酒店管理。

大力促进"旅游+"的发展，提升旅游产品的内涵，促进旅游产业与其他产业的融合发展。促进旅游产业与生态、文化、体育、会展、中医保健等产业有机结合，大力开发高尔夫旅游、乡村旅游、自驾旅游、生态旅游等独具特色的旅游度假产品；鼓励开展福利旅游、会展旅游、带薪休假旅游。大力推动产业链条较长的邮轮、游艇产业发展。授权市（县）根据全省游艇产业发展规划和本地实际，编制游艇产业发展专项规划，要求市（县）在确保符合生态保护红线和海岸带管控要求的前提下，科学规划游艇码头和游艇驿站布局，合理安排游艇产业用海、用地，为游艇产业发展预留空间；制定并实施一系列政策措施，推动游艇研发、设计、制造、维修等产业链的全面发展，加快发展度假休闲旅游业。创造条件，增开国际国内新航班和邮轮旅游新航线。制定热带雨林国家公园特许经营管理办法，涵盖提供住宿、餐饮、游憩导览及解说服务，提供生态旅游和体验、森林康养、休闲度假服务，提供生态科普、自然教育及旅游运输等服务[1]。

制定鼓励类产业目录，促进旅游产业发展和转型。例如，2024年，国家发展改革委、财政部、税务总局印发的《海南自由贸易港鼓励类产业目录（2024年版）》中，除全国性现有产业目录中的鼓励类产业外，海南自由贸易港新增鼓励类直接与旅游相关的产业包括游艇、邮轮研

---

[1]　《海南热带雨林国家公园特许经营管理办法》（2020年12月2日海南省第六届人民代表大会常务委员会第二十四次会议通过），海南政府网，https://www.hainan.gov.cn/hainan/dfxfg/202012/d0265af5ef2245c18854b9494fc7a13a.shtml。

发、制造、维修保养及配套产业，新能源清洁能源动力船舶研发与建造；公路旅客运输，邮轮、游艇、游船产业及服务；酒店、特色化中小型家庭旅馆、乡村民宿；分时度假、在线租赁、房屋分享等各类共享型居住产品开发与推广；特色餐饮品牌化建设及连锁化经营；国际化会展设施投资、建设及运营；旅行社及旅游旅行代理服务；文化和旅游宣传推广及目的地营销；旅游商品、旅游纪念品开发；线上旅游服务；演出经纪服务，演出场所、娱乐场所经营，旅游演艺；中医药健康旅游基地，森林康养基地，森林体验基地，国家森林步道，自驾车营地（含房车），商务宿营地，农林旅游景区；旅游度假区运营，景区景点建设，历史文化街区保护修缮更新；等等。

着力营造良好的营商环境。海南建省初期，除了强调要改善"硬环境"之外，还要致力于改善"软环境"，为此付出了艰苦的努力。2021年9月颁布的《海南自由贸易港优化营商环境条例》，为营造开放包容、互利合作、诚实守信、文明和谐、重商护商的社会氛围提供基本遵循，对政府工作人员的行为进行规范，建立健全良好营商环境的监督、督查、督导制度。为保障优良营商环境的形成，2024年9月又发布了《海南自由贸易港极简审批条例》，该条例是在2019年3月出台的《中国（海南）自由贸易试验区重点园区极简审批条例》取得良好效果的基础上，根据《海南自由贸易港建设总体方案》和《中华人民共和国海南自由贸易港法》确定的"极简审批投资制度"的进一步具体运用，通过"一次告知、一次承诺、一次受理、一次审批、一张证照、联合核查"的要求，推进审批流程最大程度简化，实现优化审批服务的要求，推动审批服务理念、制度、作风全方位的深层次改革，优化办事、创业与营商环境，推进政府治理体系和治理能力现代化。

（二）产业结构政策

以不同时期的旅游发展定位为目标，着力构建与战略目标相一致的产业体系。海南建省以来的旅游发展战略目标的确定，建立在对海南旅游资源条件的认识之上，存在着历史的继承性；战略目标的不断迭代、修订，是对旅游发展条件的认识升华而进行的调整。产业结构调整、升级以市场需求为导向，对产品、企业实行优胜劣汰。着重于持续调整旅游产品组合，逐步将传统的观光型产品转型为度假休闲与观光并重的模式，以此促进旅游产业内部产业结构的不断优化，着力促进旅游新业态、新产品的涌现。

优化空间布局，梯次推进旅游区域发展、旅游景区景点建设。海南建省后，从初期集中力量进行东部滨海旅游带到逐步推进西线、中线旅游的发展；从海南本岛旅游逐步推进海岛旅游和西沙旅游。对不同城市进行不同的旅游发展定位，例如，海南建省初期即明确各地区旅游产业的发展方向；三亚市的旅游则始终致力于将其打造成为中国顶尖、世界闻名的热带滨海旅游城市，尽管在不同时期其具体表述有所差异。

（三）产业组织政策

产业组织政策可分为市场结构控制政策和市场行为控制政策两类。同其他地区的旅游发展一样，在海南旅游产业的发展中也出现了诸如"零负团费""欺客宰客""乱涨价"等多种现象。针对不同的现象，政府和旅游主管部门及时出台相关措施，着力解决旅游中出现的各种问题。出台了《海南省旅游管理条例实施细则》《海南省旅游定点单位管理规定》《海南省旅游投诉处理办法》《海南省旅游质量监督检查制度》《海南省旅游企业服务公约》以及《旅游企业、导游和司机"六不准"规定》等法规和文件。针对可能出现的问题进行实现研判，出台相关政策措施，如为进一步规范旅游市场秩序，提升旅游服务质量，为2024年元旦、春节营造规范有序的良好节假日氛围，海南省旅游市场综合整治工作领导小组印发实施《海南省旅游市场专项整治行动方案》，11月底起至12月底，开展节前旅游市场专项整治行动。

（四）产业财政税收与金融政策

海南为旅游类企业提供多方面的税收优惠政策支持，涵盖企业所得税、增值税、土地使用税、关税与消费税等多个税种，以及财政资金补贴、人才引进奖励、免税购物政策和交通服务支持等。

1. 税收优惠政策

税收优惠政策主要包括以下几点。（1）企业所得税优惠。根据《关于海南自由贸易港企业所得税优惠政策的通知》（财税〔2020〕31号），符合条件的旅游类企业可享受15%的企业所得税优惠税率，低于全国普遍适用的25%税率，减轻了企业税负，鼓励企业加大投资、扩大经营规模。（2）增值税优惠。对于提供旅游服务的企业，包括旅行社、酒店、景区等，其增值税应税销售额中的一定比例可享受加计抵减政策，降低实际税负；鼓励旅游企业采购环保设备、信息技术等现代化服务，相关进项税额可按规定抵扣，促进产业升级。（3）土地使用税减免。对新建或扩建旅游项目，如旅游景区、旅游度假区等，根据项目投资规模、带动就业、生态效益等情况，可以申请土地使用税减免或优惠，降低企业用地成本。（4）关税与消费税优惠。旅游类企业进口用于生产经营的先进设备和技术，对于符合条件的可享受关税和进口环节增值税免税政策。（5）特色商品消费税优惠。对于海南本地生产的特色旅游商品，可享受消费税减免或退税政策，提升商品竞争力。

2. 财政资金补贴

为鼓励旅游企业发展，根据旅游投资项目规模、创新性、经济效益等因素，给予一定的资金补贴或奖励，支持企业技术创新、市场拓展等。例如，为促进游艇产业发展，要求市（县）政府将游艇产业公共基础设施建设资金纳入同级财政预算，统筹资金在技术研发、成果转化、信息平台、生态环保、安全应急等领域支持游艇产业发展。

3. 金融优惠和服务政策

金融机构优化对文旅企业授信管理、贷款审批、贷后服务及风险管理等信贷管理体系，提高对文旅企业的信贷服务效率；针对企业生产经营特点，创新信贷产品，丰富文化和旅游企业信贷融资工具。金融机构还为企业承担融资过程中产生的抵押评估费、登记费、保险费、公证费；减免小微文旅企业贷款的承诺费、资金管理费、财务顾问费、咨询费等。同时，充分发挥政府性融资担保体系在降低文旅企业融资成本中的作用，为符合条件的文旅企业向银行提供融资担保。

二　海南旅游产业发展水平及其变化

评价海南旅游产业的发展水平，需要根据海南旅游发展的实际进行。得益于长期以来旅游政策的支持，海南旅游产业发展自身呈现较快的增速。然而，与全国平均水平，尤其是与旅游产业发展水平较高的省区市相比，仍存在较大差距。

（一）旅游业增长速度高于全国平均水平

旅游人数指标是最能反映旅游热度的指标。1998～2023年，除2003年"非典"疫情和2020～2022年新冠疫情等公共卫生事件发生期间外，其余年份均保持了较高的增长速度。1998～2023年，海南旅游人数年增长率为9.87%，同期全国国内旅游人数年增长率为8.12%；海南旅游人数增长率高于全国平均水平（见图2-1）。1998～2009年，海南旅游人数增长率为9.18%，同期全国国内旅游人数增长率为9.6%；表明海南"国际旅游岛"建设上升为国家战略之前，海南旅游人数的增长率略低于全国平均水平。2010～2018年，海南旅游人数增长率为14.53%，同期全国国内旅游人数增长率为12.6%；表明海南"国际旅游岛"上升为国家战略之后，海南旅游人数的增长速度高于全国平均水平。2019～2023年，海南旅游人数增长率为3.37%，同期全国国内旅游人数增长率为-2.46%；表明海南建设自由贸易区（港）等举措使海南旅游人数的恢复快于全国平均水平[①]。海南旅游人数增长的一个动力是一日游人数的快速增长，2014～2023年，一日游游客人数年均增长15.18%；2014年，一日游游客人数占游客总数的15.22%；2023年，一日游游客占比上升到29.90%[②]。

---

① 海南数据根据《海南统计年鉴》计算得出，全国数据根据《中国统计年鉴》计算得出；由于海南入境旅游人数数量不大，对于计算增长率的影响甚小，故海南采用旅游总人数计算增长率，全国采用国内旅游人数计算增长率。

② 根据历年《海南统计年鉴》数据计算整理而得。

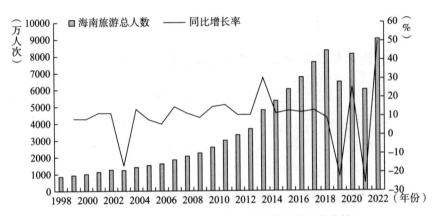

图 2-1　1998~2023 年海南旅游总人数及同比增长率情况

资料来源：根据相应年份《海南统计年鉴》数据整理计算而得。

（二）旅游发展水平低于周边省区提升相对缓慢，但潜力较大

海南旅游的发展一开始就将国际旅游作为十分重要的方面，"国际旅游岛""国际旅游消费中心"更是体现了其定位和目标，期望以旅游业为龙头，带动国际经济贸易、国际经济技术合作等发展。应该肯定的是，海南国际旅游有所发展，但远未达到社会的预期，其发展速度也明显落后于大部分省区市（考虑到广东旅游发展的条件和水平完全不同，这里不与广东进行比较）。如图 2-2 所示，1990 年，海南入境旅游人数高于河南、湖北、湖南，低于广西，但都在 100 万人次以下；2005 年，

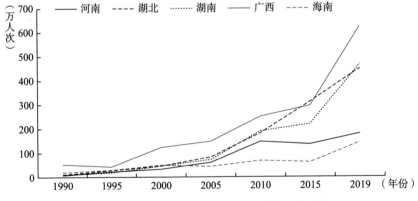

图 2-2　1990~2019 年中南五省区入境旅游人数情况

资料来源：根据相应年份《中国统计年鉴》数据整理而得。

海南在五省区中处于最低位置，至 2019 年都未能改观，与这些省区的差距逐渐拉大；从 2015~2019 年的增长速度来看，也低于湖南、广西、湖北三省区，仅高于河南。

从国内旅游来看，2023 年，海南国内旅游人数创新高，达 9000.62 万人次；但同期广西、湖南、湖北、河南国内旅游人数分别为 8.49 亿人次、6.60 亿人次、7.72 亿人次、9.95 亿人次[1]，海南国内旅游人数仅为此四省区中最少的湖南的 13.64%、为河南的 9.05%。我们以每平方千米年度旅游人数为游客密度、以每万人接待游客人数为接待强度，五省区的具体数据如表 2-1 所示。2023 年，无论是游客密度，还是接待强度，海南均为五省区中最低。例如，按现在河南的游客密度，海南可接待 21091.6 万人次；在总人口保持不变的情况下，按现在广西的接待强度，海南可接待 17616.27 万人次。海南旅游发展还有较大的潜力需要挖掘。

表 2-1 中南五省区国内旅游人数及密度、强度

省区	2023 年国内旅游人数（万人次）	面积（万 km²）	常住人口（万）	国内游客密度（人/km²）	接待强度（万人/万人）
海南	9001	3.54	1043	2542.37	8.63
广西	84900	23.76	5027	3573.23	16.89
湖南	66000	21.18	6568	3116.14	10.05
湖北	77200	18.59	5838	4152.77	13.22
河南	99500	16.7	9815	5958.08	10.14

资料来源：根据相关省区相应年份统计年鉴、社会经济统计公报数据计算而得。

（三）入境旅游比重较低

海南入境旅游人数的绝对数基本保持增长，从 1988 年的 3.84 万人

---

① 《2023 年广西壮族自治区国民经济和社会发展统计公报》，http://tjj.gxzf.gov.cn/tjsj/tjgb/qqgb/t18207923.shtml；《2023 年湖南省国民经济和社会发展统计公报》，https://tjj.hunan.gov.cn/hntj/tjfx/tjgb/jjfzgb/202403/t20240322_33260459.html；《2023 年湖北省国民经济和社会发展统计公报》，https://tjj.hubei.gov.cn/tjsj/tjgb/ndtjgb/qstjgb/202403/t20240327_5135863.shtml；《2023 年河南省国民经济和社会发展统计公报》，https://www.henan.gov.cn/2024/03-30/2967853.html。

次增长到 2019 年的 143.59 万人次，2020~2022 年出现明显降低，2023年恢复到 51.49 万人次；但入境旅游人数占旅游总人数的比重持续下降，从 1988 年的 10.53% 下降到 2019 年的 1.73%。建省初期，海南入境旅游人数曾呈现较快速度的增长，1991 年曾达 19.71%。1998~2023年，入境旅游人数占比为 1.64%。1998~2009 年，入境旅游人数占比为 2.19%~4.9%；2010~2018 年，入境旅游人数占比为 1.14%~2.56%；2019~2023 年，入境旅游人数占比为 0.24%~1.73%（见图 2-3）。

1998~2023 年，国际旅游收入占旅游总收入的比重呈下降趋势，1998~2009 年，国际旅游收入占比为 6.10%~14.20%；2010~2018 年，国际旅游收入占比为 3.22%~9.20%；2019~2023 年，国际旅游收入占比为 0.36%~6.24%（见图 2-3）。世界经济的低迷是入境旅游呈现下降趋势的重要原因，海南自身旅游产品的升级换代和产业转型没有完成、海南旅游的吸引力没有随着世界旅游的发展而提高也是原因之一。入境旅游人数占比下降也表明我国国内旅游的发展速度高于国际旅游的发展速度，反映了我国经济发展较其他国家呈现更好的发展态势。应该说，入境旅游人数占比、国际旅游收入占比不足 5%，无论怎样都与"国际旅游岛""国际旅游消费中心"的建设目标不符；提高入境旅游的比重和绝对数量是"国际旅游消费中心"建设应有的状态。

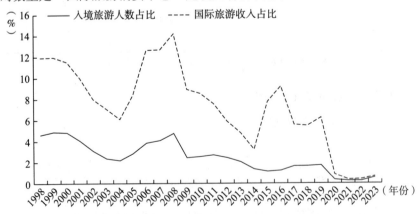

图 2-3　1998~2023 年入境旅游人数占比、国际旅游收入占比

资料来源：根据相应年份《海南统计年鉴》数据整理而得。

（四）海南旅游人均花费持续增长，旅游价格季节性畸高

随着旅游人数的持续增长，旅游总收入持续增加，1998~2023 年，旅游人数增长 9.52 倍，旅游总收入增长 26.08 倍（未扣除物价上涨因素）；25 年间，只有 4 个年份旅游总收入增长率低于旅游人数增长率，其余 21 个年份均是旅游总收入增长率高于旅游人数增长率；有 9 个年份旅游总收入增长率高于旅游人数增长率 5 个百分点以上，最高达 33.1 个百分点（见图 2-4）；这实际上意味着旅游人均花费在不断增加。在不考虑价格上涨因素的前提下，人均花费的增加，可以通过提高旅游产品的价值、增加旅游产品的类型、提升旅游产品的价格来实现，显然前二者是旅游产业高质量发展的表现，而后者则是影响旅游增长的因素。海南人均花费的增加应该是这三者共同作用的结果，但旅游产品价格的提高是最为敏感的一个因素。海南旅游季节性价格畸高是社会对海南旅游诟病的重要原因，尤其是春节期间，酒店价格和蔬菜价格等畸高的情况经常被社会批评，这也成为海南旅游发展中长期未能解决的一个难题。

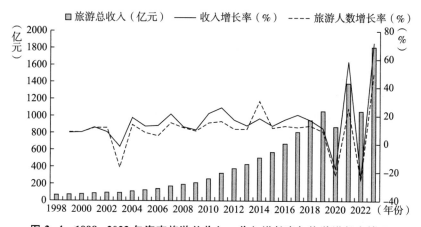

图 2-4 1998~2023 年海南旅游总收入、收入增长率与旅游增长率情况

资料来源：根据相应年份《海南统计年鉴》数据整理计算而得。

（五）海南旅游的季节性明显

受气候和旅游产品种类与质量的影响，海南旅游呈现季节性，即体现出明显的时间差异。从 2002 年、2012 年、2023 年三个年份的月度数据来看，海南受季节性影响，旅游人数呈现较大的波动（见图2-5）。2002年旅游人数最高的月份为12月，游客人数为138.06万人次；次高月份为11月，游客人数为119.44万人次。最低月份为6月，游客人数为75.69万人次，其中月度极差为62.37万人次。2012年最高月份为12月，游客人数为384.29万人次；次高月份为11月，游客人数为355.7万人次。最低月份为6月、游客人数为212.31万人次，其中月度极差为171.98万人次。2023年最高月份为1月，游客人数为1145万人次；次高月份为12月，游客人数为989.21万人次。最低月份为9月，游客人数为533.34万人次；其中，月度极差为611.66万人次。海南旅游人数呈现年底（初）多，年中少的状况，而且随着旅游人数的增加，月度最大值与最小值的差逐步拉大。

淡旺季明显、季节性差异过大会导致旅游企业的运行成本较高，也必然会使社会成本提高。2023年的月度极差为611.66万人次，意味着旅游人数最低的月度同样需要承担支撑611.66万人旅游的设施、设备的固定成本和大部分人员费用等变动成本，以及医疗设施、网络通信、道路交通设施等的社会成本。在旅游旺季，若游客数量超出景区承载能力，便会出现供给不足、价格上涨、服务能力与水平下降等状况，进而引发景区美誉度受损等一系列问题。

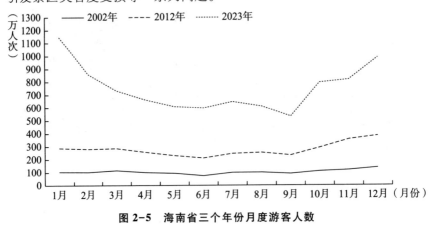

图2-5　海南省三个年份月度游客人数

资料来源：根据相应年份《海南统计年鉴》数据整理而得。

（六）海南旅游的区域差异性明显

海南不同区域的旅游吸引力存在较大差异，呈现较大的空间差异。如图 2-6 所示，2013 年，过夜游客人数最多的 5 个市（县）依次是三亚、海口、万宁、琼海、文昌；2023 年，过夜游客人数最多的 5 个市（县）依次是三亚、海口、儋州、琼海、陵水。2013~2023 年，增长人数最多的 5 个市（县）依次是三亚、海口、儋州、琼海、陵水，有 13 个市（县）与 2013 年过夜游客人数相比增长超过一倍。尤其是三亚旅游经济圈（三亚、陵水、保亭、乐东）、海口经济圈的海口、澄迈、文昌和儋州市的增长更加明显；五指山、白沙、琼中增长较慢。

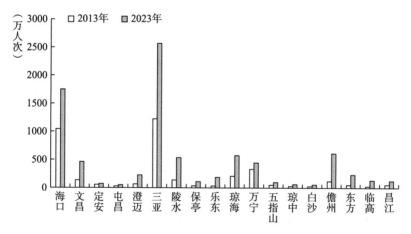

图 2-6　海南省各市（县）过夜游客人数

资料来源：根据相应年份《海南统计年鉴》数据整理而得。

三　海南旅游产业发展的区域特色

海南旅游发展一开始就注重区域发展特色，如前文所述，建省初期就制定了不同区域的旅游特色发展规划，即"乐在北"——商贸、游乐、文娱、博览、信息；"食在东"——食品、水果、游乐、度假、特产；"玩在南"——避寒、海浴、游泳、游乐、水上运动、康复、休憩；"买在西"——购物、自由贸易、游乐、旅游品加工产品；"赏在中"——文化艺术、民族风情、高山森林、工艺特产、避暑。这一布局安排奠定了海南旅游区域发展特色的基础。尽管后来进行了一系列布局上的调整，但变化并不十分明显，主题思路没有发生根本变化；当前呈现的区域旅游特色格局与这个规划基本一致。

以海口市为中心，包括文昌市、定安县、澄迈县、临高县在内的北部旅游区，已经形成以观光旅游、休闲度假旅游、文化旅游、健康旅游、会展旅游、红色旅游、购物旅游等多种业态。拥有较为丰富的历史文化街区、地质公园、展览馆和博物馆、大型购物中心等。本区域的美食也十分丰富，海南"四大名菜"之首的文昌鸡出自本区域，另外还有如定安粽子等美食。

以三亚为中心，包括陵水黎族自治县、保亭黎族苗族自治县、乐东黎族自治县在内的南部旅游区，已经形成海南最重要的越冬度假、海滨观光与水上运动、邮轮游艇、医疗康养、免税购物、婚庆、演艺、体育、低空旅游等多种业态。三亚形成了亚龙湾、海棠湾、三亚湾等国际品牌酒店的集聚，还有陵水亲水湾、乐东龙栖湾以及保亭七仙岭等高品质酒店集聚，形成蔚为壮观的酒店集群。同时，该区域还拥有极负盛名的天涯海角、南山和大小洞天、鹿回头、槟榔谷、呀诺达、七仙岭、尖峰岭等景区。

以琼海市、万宁市构成的东部旅游区，已经形成观光旅游、医疗健康旅游、历史文化和红色旅游、会展旅游、美食旅游等业态。拥有如万泉河、东寨港、东山岭、博鳌亚洲论坛会址、红色娘子军纪念园、乐城国际医疗先行区、谭门渔港等；海南四大名菜中的三种即嘉积鸭、东山羊、和乐蟹均出自本区域，水果也十分丰富。

以儋州市为中心，包括东方市、昌江县、白沙县在内的西部旅游区，已经形成观光旅游、文化旅游、乡村旅游等多种业态。拥有东坡书院、石花水洞、千年古盐田、叶榕海滩、昌江木棉花等景观。

以五指山市、屯昌县、琼中黎族苗族自治县组成的中部旅游区，具有最集中的黎族苗族文化的展现，也是琼崖革命的重要根据地，还是海南热带雨林国家公园最重要的组成部分，发展了观光旅游、历史文化与红色文化旅游、生态与森林旅游、度假休闲旅游、乡村旅游等。拥有五指山、琼崖革命根据地纪念园、百花谷等著名景区景点。

四　海南旅游产业发展存在的主要问题

从海南旅游市场的基本特征来看，海南旅游产业发展存在以下几个方面的问题。

（一）海南旅游的价格问题

海南旺季（冬季）旅游价格问题常常受到社会的关注，通常表现为酒店房价、市场菜价、交通运输价格（机票价格）过高。毕普云的研究也表明，海南旅游消费成本过高，主要表现为交通成本过高、门票价格高于全国平均水平、居民消费价格水平常年处于高位[①]。价格过高的原因在于旺季的总供给不足，旺季总供给不足的原因主要有两个方面。一是海南自身生产能力有限，产品自给率水平不高。从粮食产量来看，2023 年，人均生产粮食 140.9 千克，要满足本地居民和游客的需求远远不足；蔬菜品种相对单一，需要从岛外大量输入；其他工业产品更多地依赖岛外输入。二是运力不足，首先是交通运输能力受限，公路、铁路的运输能力受海口三港的通行能力和天气条件的影响，空中运输能力受现有三个机场通航能力的影响，海运能力受港口码头货运能力的影响；仅就汽车运输而言，2023 年，海南货运量为 35987 万吨，人均 34.5 吨，低于全国平均水平（39.52 吨/人），考虑游客的需求，则海南人均货运量水平更低；从海南运输能力来看，2023 年，海南有载货汽车 21.42 万辆，人均 0.0205 辆，与除广东外的中南其他省、区差异不大，但海南重型载货汽车在载货汽车中的比重仅为 10.32%，河南、湖北、湖南、广西的重型载货汽车的比重依次为 28.01%、26.4%、19.97%、26.47%[②]。旅游旺季的总供给不足，导致物价总水平上涨，

---

① 毕普云：《海南旅游消费现状、影响因素与对策建议——基于新发展格局视角》，《南海学刊》2021 年第 3 期，第 30~38 页。
② 根据《中国统计年鉴（2024）》计算整理而得。

而旅游的高价格弹性对旅游者的影响较为明显，部分旅游者选择东南亚旅游来替代海南旅游。田良、申涛的研究也证明了旅游业发展与交通运输系统发展之间的密切联系①。

（二）海南旅游的产品与服务质量

海南旅游产品质量不高。海南拥有丰富的自然资源和人文资源，但在旅游资源的开发中，主要重视自然资源的开发而忽视了人文资源的开发②；在自然资源的开发中也挖掘不深，仅停留在表层的描述，对于如地质、动植物、气候等多种富有特色的科学知识运用不足；只能提供以自然观光为主的浅层次游览，缺乏深层次、高品质、个性化的人文或者科学旅游体验。例如，对于天涯海角的解说（释）主要停留在天涯、海角、南天一柱石刻的说明，南天一柱成为人民币表面图像，等等；对海边海滩石的形成与演变以及海退、海侵等知识则鲜有介绍。由于对景观的阐释水平过浅，旅游者难以获得更深层次、更加真切的体验，游览只能是走马观花，其逗留时间短暂。对于求知欲较强的旅游者来说，必然不能满足其需求，也难以促进如研学旅游、文化旅游等深层次旅游的发展，旅游产品吸引力较弱。谢彦君的研究认为，对于自然与人文资源开发运用的不足，导致海南旅游产品的文化科技含量不足，东南沿海类似旅游目的地对海南的替代性较强，是海南夏季旅游成为淡季的重要原因③。

海南旅游服务质量需大幅提升。海南旅游服务质量，除高星级酒店的服务较为规范、服务水平较高之外，其他行业的服务质量有待大幅提升。其主要表现在：服务意识不强、对待顾客相对冷漠，欺客宰客现象时有发生，旅游秩序有待进一步提高等④。据笔者多次饭店就餐观察和

① 田良、申涛：《海南省旅游业发展与交通运输系统关联研究》，《海南大学学报》（人文社会科学版）2009年第4期，第371~375页。
② 郭强、王晓燕：《文旅融合助推海南旅游业高质量发展研究》，《海南大学学报》（人文社会科学版）2023年第3期，第130~140页。
③ 谢彦君：《海南国际旅游消费中心建设中的供给侧结构性突破战略》，《旅游学刊》2020年第3期，第4~6页。
④ 徐文海、邓颖颖、皮君：《基于竞争力评价的旅游目的地形象提升研究——以海南国际旅游岛为例》，《中南财经政法大学学报》2014年第3期，第59~65页。

记录也能证明这一点。影响服务质量的另一种情况是，服务培训不到位，服务人员在服务过程中的行为或者语言表达沿用日常习惯，与顾客的行为与语言表达习惯存在较大差异，因此在服务细节上不能满足顾客需求，降低了顾客的满意度。旅游产品和服务质量不高，必然影响旅游者的消费体验和消费热情，进而对旅游消费水平和旅游经济的发展速度、整体水平以及经济效益产生负面影响。

（三）　海南旅游品牌建设滞后

旅游者对于海南旅游特色的认知主要来源于特殊的气候环境和地理条件，而对于海南旅游品牌尚未建立明确的认知，海南在旅游品牌建设方面明显滞后。自"离岛免税政策"实施后，海南似乎在建立一个以国际旅游消费为标识的目的地形象，但是，海南离岛免税产品在品质和价格方面与香港、东京等并无明显的优势。在旅游产品开发方面，对海南海岛特点、资源特点、文化特点的研究不深，产品同质化，没有形成具有自身特点的文化形象定位而实现与其他国际旅游目的地的错位发展，没有形成海南旅游产品的独特形象品牌和吸引力。

第三章 海南旅游市场与竞争

旅游市场的各种指标集中反映了旅游产业的发展状态，要准确地衡量海南旅游产业的发展水平、速度、效益和发展趋势，需要一系列科学的指标和方法。

第一节 海南旅游市场规模

要衡量海南旅游产业的发展水平，需要从国际、国内两个方面测定市场的有效需求、市场占有率和市场集中度水平。

一 海南国内旅游市场规模

（一）市场有效需求规模

国内游客人数是直接反映旅游市场有效需求规模的有效指标。国内游客人数包括国内过夜游客人数和一日游游客人数。海南国内游客人数占海南游客总人数的绝大多数，2023 年，海南国内过夜游客占全部过夜游客的 99.43%。如图 3-1 所示，海南国内游客人数除遇到严重公共卫生事件时期外，基本保持了较快的增长，尽管环比增速有所下降，但增量绝对值较大。一个值得注意的现象是，自 2014 年有一日游统计以来，一日游的增长速度非常迅速；而一日游游客以本岛游客为主，本岛游客的增长成了重要的国内旅游力量。

（二）国内旅游市场占有率

国内旅游市场占有率很好地反映了海南国内旅游在全国国内旅游的份额或比重，也在一定程度反映了海南旅游的经济地位。如图 3-1 所示，海南国内旅游市场占有率从 1995 年的 0.52% 上升到了 2023 年的 1.3%，上升了 0.78 个百分点，即以占全国 0.36% 的面积、0.74% 的人口接待了占全国 1.3% 的国内游客。这表明海南旅游的规模不大，但旅游的平均强度高于全国平均水平。

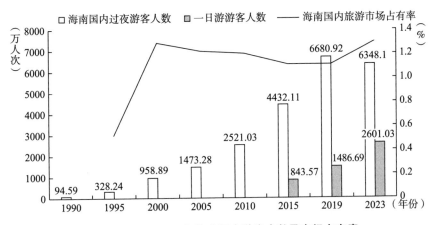

图 3-1　1990~2023 年海南国内游客人数及市场占有率

注：一日游游客的统计是从 2014 年开始，因为时间跨度长，图中以 5 年为一个间隔统计数据，所以并未标示 2014 年数据，而是标示了 2015 年数据。最后一组统计到 2023 年最新的数据。

资料来源：根据《中国统计年鉴》整理计算而得。

（三）海南过夜游客市场集中度

海南各县（市、区）接待过夜游客的差异巨大，从 2023 年的数据来看，最高的三亚市接待过夜游客 2571.18 万人次，最低的屯昌县仅 52.30 万人次，相差 48.16 倍；过夜游客主要集中在三亚、海口、儋州、琼海、陵水等市（县）。下面我们采用游客集中度系数来衡量游客集中度水平。

$$G = 100 \times \sqrt{\sum_i^n \left(\frac{x_i}{T}\right)^2} \tag{3-1}$$

式（3-1）中：G 为游客集中度指数，n 为游客目的地数，T 为接待游客总数，x_i 为第 i 个目的地游客人数。

$$\overline{G} = 100 \times \sqrt{\sum_1^n \left(\frac{1}{n}\right)^2} \qquad (3-2)$$

式（3-2）中，$\overline{G}$ 为 n 个目的地游客人数完全平均时的游客集中度指数。

$$\Delta G = 100 \left[\sqrt{\sum_1^n \left(\frac{x_i}{T}\right)^2} - \sqrt{\sum_1^n \left(\frac{1}{n}\right)^2} \right] \qquad (3-3)$$

式（3-3）中，ΔG 为偏离值。

$$g = (\Delta G / \overline{G}) \times 100 \qquad (3-4)$$

式（3-4）中，g 为游客集中度系数，该系数越大，表明游客集中度越大，反之，则越小[①]。

依照式（3-1）至式（3-4）计算的海南省 2023 年各县（市、区）（不含三沙市）游客集中度系数为 71.57。依此计算的 2019 年游客集中度系数为 89.35，2010 年为 109.55。海南游客集中度系数逐渐降低，这表明，海南全域旅游的推进效果较为明显。2010 年，屯昌县、乐东黎族自治县过夜游客人数仅为 6.3 万人次、6.31 万人次，2019 年分别增长到 48.32 万人次、107.66 万人次。

二　海南入境旅游市场规模

（一）入境旅游需求规模

海南入境旅游处于震荡上升趋势，2019 年达到最高值后，2023 年尚未恢复到 2019 年的水平（见图 3-2）。从 2019 年入境旅游市场来看，台湾、香港和澳门游客的占比并不大，仅为 19.08%；外国人占比为

---

① 朱沁夫、李昭、杨樨：《用地理集中指数衡量游客集中程度方法的一个改进》，《旅游学刊》2011 年第 4 期，第 26~29 页。

80.92%。2023年，台湾、香港和澳门游客占比为16.25%，较2019年进一步下降；外国人占比为83.75%。

（二）入境旅游市场占有率

在我国旅游发展初期，海南入境旅游市场占有率较高，随着各地旅游的迅速发展，海南入境旅游市场占有率降至1%以下（见图3-2），2000年以来，最高占比为0.99%（2019年），最低占比为0.36%（2005年）。海南入境旅游市场占有率水平与海南国际旅游岛或国际旅游消费中心的建设目标之间存在较大差距。

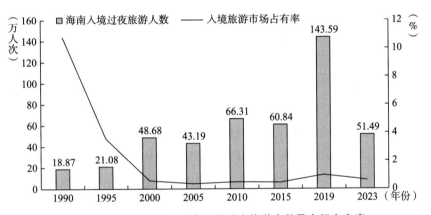

图3-2　1990~2023年海南入境过夜旅游人数及市场占有率

资料来源：根据《中国统计年鉴》计算而得。

（三）入境旅游客源国市场集中度

依照式（3-1）至式（3-4）计算入境旅游目的地的集中度系数，2010年、2019年、2023年依次为200.76、187.95、162.32；这表明，入境游客在海南的旅游目的地不再集中于三亚、海口，越来越多的游客以其他市（县）为旅游目的地。这也表明，海南的开放程度和水平在持续提升。

从客源地国的集中度来看，2010年、2019年、2023年的集中度系数分别为120.38、113.98、49.83，表明集中度持续降低。这一方面表明传统上较弱的市场正在加强，但另一方面是传统市场客源部分丧失。从表3-1的数据可以看出，海南最大的客源国俄罗斯、韩国、马来西亚等市场份额相对丧失较大。

表 3-1　2010 年以来年入境旅游客源国人次变化

单位：人数

年份	日本	韩国	马来西亚	新加坡	德国	俄罗斯	美国
2010	24786	31737	27544	47555	17127	148411	22375
2019	10508	149585	87572	48879	11341	330186	34579
2023	5767	22665	30026	36722	4501	16120	19320

资料来源：海南省旅游和文化广电体育厅官网，https://lwt. hainan. gov. cn/0900/。

三　海南旅游市场的拓展

（一）眼睛向外，进一步拓展国际市场

海南国际旅游市场的发展水平是海南旅游发展的示范性指标，作为海南国际自由贸易港建设目标之一的国际旅游消费中心的定位决定了海南必须大力拓展国际市场。应当采取的措施至少包括以下方面：一是海南国际旅游的主题定位，形成自身鲜明的旅游品牌，打造具有国际影响力的独特吸引物[①]，这是拓展国际市场的核心和关键；二是充分发挥"海上丝绸之路"节点城市的优势，充分挖掘具有较好基础的东南亚市场的潜力，扩大南亚市场、中东市场、非洲市场的份额；三是加大中南半岛市场的拓展力度，越南与中国海南仅咫尺之遥，而游客人数仅千人级别，实在潜力巨大；四是充分发挥"温度"优势，进一步巩固俄罗斯和韩国市场，扩大日本市场，努力拓展北欧市场。

（二）通过供给侧结构性改革，进一步扩大国内市场

有研究认为，供给具有具象性、相对稳定性和有限性的特点，而需求则具有抽象性、可变性和无限性的特点[②]。从海南旅游来说，海南以

[①] 谢彦君、卫银栋、胡迎春等：《文旅融合背景下海南国际旅游消费中心的定位问题》，《旅游学刊》2019 年第 1 期，第 12~22 页。

[②] 朱沁夫、江延球、耿静：《基于公平导向的绿色发展路径研究》，科学出版社，2023，第 51~53 页。

其现有的产品满足市场需求，产品的品质和种类一直保持相对稳定，旅游供给的种类和能力、数量具有有限性的特点；而游客的需求则体现为对产品多样性、高品质的要求，也正因为需求的抽象性和可变性特点，旅游需求又具有明显的可激发性特点，即在消费时受到产品的刺激可能追加需求。海南旅游业的发展关键在于实现供给侧结构性改革，增加旅游供给的种类、发展新业态；提升产品和服务的品质和质量、打造海南旅游的独特品牌和吸引力；提升海南旅游的可进入性水平，增加进岛、出海的通道和路径，进一步优化游客的旅途速度和整体体验感，使游客进得来、出得去，不要让游客将海南之行视为畏途。

　　单纯依靠扩大旅游业规模来推动旅游向更高水平发展是不切实际的。规模经济并非越大越好，而是适度规模。要实现更高水平的适度规模，必须加快推进旅游与其他产业的融合发展，拓展以旅游为核心的范围经济，"销路呆滞绝不是因为缺少货币，而是因为缺少其他产品"①，在这个意义上，"生产为产品创造需求"②。只有海南的产业结构实现合理化、产业业态多样化、产品种类丰富化、产品质量高端化，海南经济才能得到更高水平的发展，与国内外其他地区形成经济、技术上的互补与协作，才能吸引更多旅游者，包括国际旅游者。

（三）眼睛向内，重视一日游游客和本岛过夜游客的增长

　　海南本岛居民的旅游市场近年蓬勃发展的态势。如图 3-1 所示，2023 年海南一日游游客人数达 2601.03 万人次，其中绝大部分为海南本地居民，在国内过夜游客中，也有部分本岛游客。如果暂不考虑本岛过夜游客，将一日游游客视为本岛游客，则人均岛内出游次数为 2.49 次/年；与 2022 年台湾的数据相比，台湾居民岛内出游为 1.69 亿人次，人

---

①　〔法〕萨伊：《政治经济学概论：财富的生产、分配和消费》，陈福生、陈振骅译，商务印书馆，1963，第 153 页。

②　〔法〕萨伊：《政治经济学概论：财富的生产、分配和消费》，陈福生、陈振骅译，商务印书馆，1963，第 152 页。

均 8.04 次/年，平均逗留时间为 1.47 天①。如果海南人均岛内出游次数达到 5 次/年，按现有人口计算，岛内居民出游人数可达 5215 万人次；如果人均岛内出游达到 10 次/年，岛内居民出游人数则可达 10430 万人次。

重视本岛居民岛内游是促进海南旅游业高水平发展的重要路径。第一，海南城镇居民缺乏节假日休闲娱乐的场所，发展以岛内城镇居民为主要顾客群体的休闲娱乐、乡村旅游、体验旅游、生态旅游、文化旅游、康养旅游项目，可以极大地促进岛内旅游业的发展，也能促进休闲娱乐、乡村旅游品质的大幅提升。第二，促进乡村居民走入城市进行体验旅游、科学文化旅游，促进科学文化交流，能够更好地促进海南经济社会文化的进步和发展。

第二节　海南旅游市场结构

研究海南旅游市场，需要厘清海南旅游市场的类型及其特点，并以此研究分析海南旅游市场及其结构的优化路径。

一　海南旅游市场的类型

一般认为，市场类型包括完全竞争、垄断竞争、寡头垄断和完全垄断四种类型。完全竞争市场是指市场存在大量的企业，每个企业提供无差别的产品，所有资源是具有完全流动性和信息完全性的市场类型。垄断竞争市场是一个市场中有许多企业（厂商）生产和销售有差别的同种商品的市场类型。寡头垄断市场是一个市场中只有少数几家企业控制着整个市场的产品和生产及销售的市场类型。完全垄断市场是指整个行业只有唯一的一个企业的市场类型②。决定市场类型的主要因素包括：第一，市场上企业（厂商）的数量；第二，企业所生产或提供的产品

---

① 宋瑞主编《2023~2024 年中国旅游发展分析与预测》，社会科学文献出版社，2024，第 97 页。

② 高鸿业主编《西方经济学》（第 3 版），中国人民大学出版社，2004，第 298 页。

的差别程度；第三，单个企业对市场价格的控制程度；第四，企业进入或退出一个行业的难易程度。

　　旅游市场主要表现为完全竞争市场和垄断竞争市场两种类型，主要还是垄断竞争市场。就海南旅游市场来看，企业数量众多；产品存在着天然或品质的差别；企业对于价格有一定影响（存在"晴雨表"式的企业或代表性企业对价格的导向性作用）；从成立或退出的企业数量来看，进入或退出较为容易（见表3-2）。由此，可以判断，旅游市场主要表现为垄断竞争市场。

表 3-2　2016~2023 年海南旅游企业数量变化情况

企业类型	2016 年	2017 年	2018 年	2019 年	2020 年	2021 年	2022 年	2023 年
旅游景区（个）	52	54	54	55	70	82	84	86
旅游饭店（家）	876	946	966	953	860	778	762	757
旅行社（家）	365	352	389	387	601	723	817	1220

资料来源：根据《海南统计年鉴》数据整理而得。

　　经济学中经常用勒纳指数（Lerner index）来衡量企业实际的行为能力，以此来衡量企业的市场垄断或竞争行为。其计算公式为：

$$L=(P-MC)/P \tag{3-5}$$

　　式中：L 为勒纳指数，P 为价格，MC 为边际成本。

　　企业在价格方面的影响力与其边际成本的比较，决定了其在市场上的影响能力。以勒纳指数计算，还是从更加广泛的因素考虑，不同类型的企业之间的竞争-垄断程度是不同的。投资者的资本、资质、投资意向等不同，决定了进入如景区、酒店、旅行社、旅游娱乐、旅游购物等不同类型的企业的难度也存在较大差异。例如，投资酒店和投资旅行社之间的资本差距巨大，投资海南热带森林国家公园相关旅游景区需要获得特许经营资格，投资邮轮游艇也需要获得相应的资质。旅游各行业内部的竞争程度也存在较大差别。显然，景区景点相对稳定，由于其产品特点、品牌影响力及价格决定等因素，景区景点之间的相互竞争相对较弱；而酒店则具有较强的相互替代性，酒店间的竞争更加激烈，从淡旺季的酒店价格差异可以看出，这种差异不仅源于市场需求的变化，还受酒店间价格竞争的影响。旅行社的增减受自然条件和资本投入的影响较小，且旅行社的进入及退出成本均相对较低，这使旅行社之间的竞争则更加激烈。

二　海南旅游市场的优化

（一）建立竞争机制，提高产品的品质

海南旅游业发展的瓶颈之一是产品和服务的品质问题。解决好产品和服务的品质问题的重要手段是增强产品和服务之间的竞争性，即实现旅游者在同类和不同类产品之间可以进行便捷、自由的选择。其一，促进同类产品的品质差异化，在保证基本质量要求的前提下，为市场提供不同品质的产品和服务，满足不同旅游者的需求；其二，促进关联或可替代产品的创新，增强市场竞争性，增加旅游者能够选择的产品种类数量。如果用交叉价格弹性①来衡量这种产品替代性水平，则应努力提高产品的交叉弹性。增强产品间的替代性，必然加剧产品之间的竞争，从而推动产品质量的提升。

产品竞争力的提升还体现在不同区域之间同类产品的竞争上，即促进不同空间同类产品的交叉价格弹性。海南岛整体地理纵深不大，区域间地理特征和人文景观既相似又有一定区别，海南现有的交通设施水平已经达到了较好的程度并还在持续改善，在保持和促进区域特色形成的基础上，对于基本旅游供给产品，促进形成不同区域之间同类型产品的竞争局面，促进跨区域的竞争。

（二）制定鼓励政策，鼓励新业态、新产品的产生，树立海南旅游品牌

促进新业态的发展是实现海南旅游竞争力的重要路径。充分发挥海

---

① 交叉价格弹性=A 生产者提供的 A 产品的数量变动百分比/B 产品价格变动百分比。

南的气候、地理、生态、文化、交通等方面的优势，充分研究经济社会发展和科技发展给人类社会带来的新变化，以及由此产生的新需求，以新的产业形态提供的新产品来激发、引导新的需求。应当注意的是，要充分研究分析独特旅游产品的核心价值及其效应，分清产品的主次、发展的先后和缓急，实现业态产品的精准定义，以精准的定义来促进高价值、高品牌、辐射性强的产品的涌现。以新业态、新产品的涌现来形成海南旅游的新的竞争力，形成海南的独特产品，参与港珠澳大湾区乃至东南亚市场的竞争。

树立品牌意识。现有中国旅行社、中国国际旅行社、中国青年旅行社尽管在市场上占有较大份额，但并没有形成自己独特的以服务质量为特征的品牌。锦江之星、如家、七天等连锁酒店也主要是在酒店装修装饰风格、基本服务规范与流程等方面进行了基本的统一，在价格与服务质量上与马里奥特、雅高、希尔顿、凯悦等国际化品牌酒店存在巨大差距。主题公园更是以模仿为主，从设计上大多"求洋"，从服务质量上则与世界著名的主题公园相去甚远。海南应利用国际化品牌酒店丰富的优势，鼓励国际化品牌酒店与其他旅游企业间的人才交流，促进旅游企业的品质提升和品牌创建，实现品牌的突破。

（三）实现市场结构的优化

实现海南整体市场空间结构的优化，根据《海南自由贸易港建设总体方案》《海南省旅游发展总体规划》要求，科学界定海南建设的功能分区和海岸带功能分区，形成整体的科学合理的空间结构。实现各功能分区内部的空间结构的优化，正确认识产业集聚的科学性，进行适度的产业集聚，形成区域内旅游功能的完备性和区域间的互补性，从为旅游者提供更多的"消费者剩余"的思路出发，提高服务水平和服务质量，提高区域旅游的品质，形成区域和区域内片区的独特价值和品牌效应。还应当注意的是，旅游业是由消费者用脚投票的行业，必须严格遵循市场规律，认真研究旅游者的意愿与需求，并及时调整与需求不符的旅游区域规划，从而实现旅游供给与旅游需求的完全一致。

无论是一个旅游区域还是旅游的片区，都需要有合理的产业结构，应当从旅游需求及其变化、区域或片区的资源和产品特点来建立合理的产业结构和产品结构。旅游区域不能因为强调自己的区域特色而忽视基本旅游产品的供给，保障基本的旅游产品的供给是旅游发展的基础，没有优质的基本旅游产品的供给就谈不上旅游区域的高品质。因为基本旅游产品的需求随时可能发生，需要较为迅速地满足游客随时可能发生的相关需求。当一位游客在旅游过程中发生饥渴却不能及时获取产品供应时，即便非基本旅游产品具有独特性，也难以弥补其不佳的旅游体验。在旅游区域内合理布局基本旅游产品供给和非基本旅游产品供给，在基本旅游产品供给上确保质量，在非基本旅游产品供给方面突出品质和特色。

第三节　海南旅游市场行为

从企业角度来看，市场行为是指企业为了实现利润最大化、提高市场占有率等战略目标，而在市场上持续调整自身行为的过程；从政府旅游管理的角度来看，政府还需要借助法律、政策以及市场行政管理等手段对企业行为进行规范和调节，以实现区域和行业的利益最大化从而保障旅游者的合法权益。

一　海南旅游市场竞争行为

海南旅游市场竞争行为主要包括海南旅游产品的定价行为、海南旅游的广告行为和海南旅游企业的兼并或分立行为等。

（一）海南旅游产品的定价行为

对于海南旅游来说，价格变动最大的是酒店房价和航班机票价格，其他旅游产品如景区景点门票、铁路公路交通的价格变动不大，这些价格均是通过政府物价部门批准的价格。机票价格是航空公司根据市场需求调节的价格。最为复杂的是酒店房价的定价行为。对于最具影响力的豪华型酒店来说，一般是根据自己的收益管理策略来决定价格，即通过分析酒店的高需求期和低需求期，调整价格以实现收益最大化。在高需求期（如节假日）提高价格，在低需求期通过折扣吸引客人入住，从而提高出租率。对于其他高星级酒店来说，则综合采用市场定价法和竞争对手定价法来决定价格，即综合考虑市场环境和竞争对手的价格；通过分析区域内竞争对手的平均房价指数（ARI）和出租率，结合自身的成本和收益，制定合理的价格。对于经济型酒店和民宿来说，则综合采用需求定价法并参考市场定价法来决定价格，即根据市场需求和客户群体，以及竞争对手的价格来决定价格。海南春节期间的酒店价格曾屡遭批评，近年来，海南尤其是三亚的酒店价格在政府的政策调控下，相对保持稳定，有报道称，2024 年 12 月，2000 多元一晚的酒店，春节期间价格已经涨到 5000 多元了[①]。据观察，春节期间酒店的房价一般较淡季要高出 5~10 倍。

（二）海南旅游的广告行为

海南旅游广告可以分为企业广告与政府广告。因为旅游业在海南经济社会发展中占据特殊的地位，因此，除了旅游企业进行的企业推广广告外，政府针对旅游及其相关企业的宣传推广活动也具有重要意义。

企业广告行为是企业经常采用的一种非价格竞争手段。其主要目的在于主动披露企业在地理位置、设施设备、服务质量与评价、品牌形象、价格策略等多方面的信息，以实现与消费者的信息共享，并凭借其自身的某些特征吸引消费者选择本企业产品。广告在市场上的主要作用表现在：广告能够促进信息的对称性从而降低消费者的搜寻成本，能够通过促进市场竞争而增进社会福利，这可能导致市场集中度提高，非价格广告能够克服劣质品问题；也存在过度广告问题。广告的传播途径主要依托于报纸、杂志、传单等传统纸质媒体和广播、电视、网络等新型媒体，现有各种兼有销售功能的平台（如携程旅行网、去哪儿网、飞常

---

① 《三亚酒店春节涨价上热搜，记者求证：价格普涨，但还稳定》，https://baijiahao.baidu.com/s? id=1821931939067654188&wfr=spider&for=pc，百家号，2025 年 1 月 22 日。

准等）则成为信息披露的主要渠道，企业的官方网站也具有明显的广告作用。海南旅游企业采用多种信息渠道进行广告推广。例如，三亚亚特兰蒂斯酒店是一座集度假、娱乐、餐饮、购物、演艺、特色海洋文化体验等八大业态于一体的旅游综合体，其广告通过互联网途径在酒店官网、携程旅行网、酒店哥哥、京东官网、飞常准等多种途径进行推广。同时，通过参加旅游博览会，举办暑期的"夜场嘉年华""亚特兰蒂斯蓝色圣诞季"活动等推介酒店，扩大酒店知名度、提升影响力和竞争力。

海南政府部门的广告行为至少包括组织和参加各种博览会、展销会、推介会，以及开展多样化的旅游推广活动。海南省旅游和文化广电体育厅官方网站对海南主要的景区、酒店、旅行社、乡村旅游点、乡村民宿等进行了详细介绍和信息披露，还提供了相关景点的图像资料。此外，2024年12月30日正式发布上线的海南旅文公共服务平台——"酷游海南"微信小程序，将广告行为与旅游服务进行融合，为游客提供便捷的旅游信息获取渠道。

（三）海南旅游企业的兼并或分立行为

企业兼并行为是指两个或两个以上的企业在自愿的基础上，依据法律通过订立契约而结合成一个企业的组织调整行为。企业分立行为是指一个企业根据经营需要，在自愿基础上依据法律通过订立契约而分立成两个或两个以上企业的组织调整行为。

企业兼并行为的特点是：伴有产权关系的转移；多家企业的财产变化为一家企业的财产，多个法人变更为一个法人；通过兼并，原有企业的业务集中到合并后的新企业之中。企业兼并大致有三种类型：纵向兼并（垂直兼并），是将具有前后向关联，分别处于生产和流通过程中不同阶段的企业进行合并；横向兼并（水平兼并），是将处于生产同一产品、提供统一服务的企业进行合并；混合兼并，是将分属不同产业、生产工艺上没有关联的企业进行合并。三种不同类型的兼并获得不同的效益提升，或者说，可以实现三种不同的效益。纵向兼并可以实现组织成本对交易成本的替代，当组织成本低于交易成本时，可以提升经济效益；横向兼并则是通过扩大规模实现规模效益；混合兼并则可能通过多样化的经营获得范围经济效益。2023 年 5 月，海南省旅游投资控股集团有限公司对海南康泰旅游股份有限公司、东方俄贤岭景区开发有限公司的股权收购兼具纵向兼并与横向兼并的双重特性。海南省旅游投资控股集团有限公司与康泰旅游具有高度互补性，通过整合双方产品研发、渠道推广、整合营销、资本运作等优势，赋能旅游交通、旅游商业等业务发展，激发海南旅游市场活力。这两家企业的合并主要表现为横向兼并。海南省旅游投资控股集团有限公司股权收购东方俄贤岭景区开发有限公司，通过开发东方俄贤岭景区及周边自然资源发展多业态旅游，助力海南西部旅游发展，表现为纵向兼并性质①。

企业分立行为的特点是：伴有产权关系的转移；一家企业的财产转变为多家企业的财产，一个法人变更为多个法人；通过分立，原有企业的业务分散到分立后的新企业之中。形成企业分立的原因大致如下：企业规模过大而拥有的垄断地位，根据反垄断法规，使企业分立；企业规模过大，导致规模不经济，组织成本大于交易成本；企业股东因利益或者其他原因分立。对于第一种分立的情况来说，促进了市场竞争，增进了社会利益；对于第二种分立的情况来说，实现了规模经济；对于第三种分立情况来说，则可能保全了股东各自的利益。海南旅游企业分立的典型案例莫过于海南航空控股股份有限公司于 2021 年的重整拆分。

企业的兼并与分立是企业市场行为的重要表现，企业的兼并和分立对市场的影响主要作用表现在：推动产业存量结构的调整，实现社会资源的配置调整，促进企业的优胜劣汰，提升社会整体效益。企业兼并可能出现的消极影响包括可能出现新的垄断局面，提高企业进入壁垒、阻止新的企业进入，影响社会竞争和公平。企业分立可能带来消极影响。企业的分立如果并非出于规模不经济的考量，那么这种行为可能会对企

---

① 《海南旅游行业最大并购案诞生 海南旅投收购康泰旅游》，人民网，http://hi.people.com.cn/n2/2023/0506/c338424-40405446.html，2023 年 5 月 6 日。

业的整体效益产生负面影响。

二 市场协调行为

市场协调行为包括企业的市场协调行为、行业协调行为和政府对旅游市场的协调行为。

企业的市场协调行为是同一市场上的企业为了某些共同的目标而采取相互协调的市场行为，这些行为主要分为价格协调行为和非价格协调行为。对于海南旅游企业来说，价格协调是最主要的行为。《海南经济特区旅游价格管理规定》（2011 年 1 月 14 日海南省第四届人民代表大会常务委员会第十九次会议通过，2016 年 7 月 29 日海南省第五届人民代表大会常务委员会第二十二次会议修订）第四条规定，旅游价格实行政府定价、政府指导价和市场调节价的管理形式。其中，非利用公共资源建设的旅游景区门票及景区内游览场所、交通工具等另行收费项目，大型演艺、游艇、潜水、漂流、探险、水上和空中娱乐观光等特种旅游项目价格实行市场调节价，旅游饭店客房价格实行市场调节价。相关企业通过协商或者根据市场定价法和竞争对手定价法决定价格。企业通过服务标准建设等措施规范非价格协调行为，来保证服务质量。

行业协调行为是指行业协会通过组织企业订立公约、守则等方式，规范旅游企业的市场行为。例如，2025 年 1 月 16 日，三亚旅游酒店行业协会发布公告称，三亚酒店行业严格遵循三亚市发改委相关文件要求执行房价报备，所有酒店同等房型价格均不会超过近两年同期水平，且近 200 家会员酒店春节期间预订率与去年基本持平，价格稳定①。

政府对旅游市场的协调行为是指政府通过政府定价、政府指导价来调节部分旅游产品和服务价格的市场行为。《海南经济特区旅游价格管理规定》（2016 年修订版）第四条规定，利用公共资源建设的旅游景区门票及景区内游览场所、交通工具等另行收费项目，实行政府定价或者

---

① 《三亚酒店春节涨价上热搜，记者求证：价格普涨，但还稳定》，百家号，https://baijiahao. baidu. com/s？id = 1821931939067654188&wfr = spider&for = pc，2025 年 1 月 22 日。

政府指导价；旅游饭店客房价格主要节假日、重大活动期间，可以实行政府指导价；道路旅游客运价格实行政府指导价。第二十条规定："县级以上人民政府价格主管部门应当加强对旅游价格的调控监管、监督检查和反垄断执法，有效预防、及时制止和依法查处各类价格违法行为，维护公平竞争的市场环境。"政府通过市场行为的监控、及时的行为纠错来规范市场秩序。

第四节 海南旅游市场的供求

掌握旅游市场的供求变化及其特点，对于从宏观上把握旅游产业发展趋势和从微观上确定经营策略都具有十分重要的作用。从需求方面来说，海南旅游需求的基本特点与全国的旅游需求的基本特点是一致的；从供给方面来说，海南则需要提供具有海南特色的旅游产品来满足旅游需求。

一 旅游市场的供求特征

（一）旅游需求函数及其特征

1. 学界对于 2012 年以前旅游需求函数及其需求弹性的研究

对于国内旅游需求函数及影响因素弹性的估计，学界研究较少，主要从三个方面展开。一是利用旅行成本模型估计旅游需求函数，谢慧明等研究结果认为，旅行成本、时间成本和居民收入是影响居民旅游需求的关键因素，在此基础上得出了系列促进旅游需求的有益建议[①]。二是利用双对数模型，以国内旅游人数为需求量指标、以人均可支配收入为收入指标、以人均旅游花费为价格指标，用时间序列数据来估计需求函数，朱沁夫等估计 1993～2009 年价格弹性为 0.4079、收入弹性为 0.9731[②]；孙根年和李晋华估计 1994～2002 年价格弹性为 0.237、收入

---

① 谢慧明、沈满洪、李中海：《中国城市居民旅游需求函数的实证研究》，《旅游学刊》2014 年第 9 期，第 24～34 页。

② 朱沁夫、伏加丽、隆云滔：《中国国内旅游需求特征分析：1993～2009》，《旅游研究》2011 年第 4 期，第 9～13 页。

弹性为 0.789，2004～2012 年价格弹性为 0.753、收入弹性为 1.0596[①]。两个估计的结果在逻辑上高度一致，表明 1993～2012 年总体价格弹性小于 1 且呈逐步上升趋势，旅游需求作为满足人们在收入达到一定水平的前提下满足精神生活的重要方式，呈现旅游需求的"刚性"特征；总体收入弹性亦呈逐步上升的趋势，并在 2004～2012 年大于 1，收入弹性总体高于需求弹性，收入水平的提高对于旅游需求的影响高于价格的变动影响；谢慧明等利用旅行成本模型对国内 39 个城市 2000～2007 年估计旅游需求函数，也得出了旅游需求收入弹性的绝对值大于旅行成本弹性的绝对值的结论。三是直接利用点弹性或弧弹性计算方法，对需求价格弹性进行直接计算[②][③]。点弹性或弧弹性计算的优点在于能够及时呈现弹性的变化，但缺点在于受年度数据的影响过大，使阶段性基本特征呈现不明确；利用双对数模型计算的优点在于可以克服个别年份数据的波动而较好地反映阶段性基本特征，且参数具有明确的经济意义，在正确划分时间阶段的条件下，可以正确地呈现阶段性特征。

2. 2011～2019 年旅游收入弹性与价格弹性的计算

我们采用双对数模型对 2011～2019 年旅游需求函数进行分析，2020～2023 年因数据问题未予分析。

（1）变量与模型

除时间因素外，影响旅游需求的因素无疑主要是旅游者的收入与旅游价格，可以假定需求量 q_d 是旅游价格 p_t 和居民人均可支配收入 y_t 的函数。通过采用建立需求和供给的联立双对数方程组来估计旅游需求函数。

设供给量 q_s 不仅是当期价格 p_t 的函数，也是前一期价格 p_{t-1} 的函

---

① 孙根年、李晋华：《新时期国内旅游抗周期性及双对数需求弹性分析》，《旅游科学》2014 年第 3 期，第 1～9 页。

② 汪恒、唐玉娥：《需求价格弹性在旅游经济中的应用研究》，《北京第二外国语学院学报》2001 年第 3 期，第 1～6 页。

③ 王丽、马继刚：《我国城乡居民旅游需求弹性分析》，《洛阳师范学院学报》2021 年第 10 期，第 29～32 页。

数，p_{t-1} 是一个工具变量。需求量 q_d 是当期价格 p_t 和人均可支配收入 y_t 的函数。则：

$$\ln q_s = \alpha_1 + \alpha_2 \ln p_t + \alpha_2 \ln p_{t-1} + u_1 \qquad (3-6)$$

$$\ln q_d = \beta_1 + \beta_2 \ln p_t + \beta_3 \ln y_t + v_t \qquad (3-7)$$

其中，$\ln q$ 为国内旅游人数 q 的对数值，$\ln y$ 为居民人均可支配收入 y 的对数值，$\ln p$ 为人均花费 p 的对数值，$\ln p_{t-1}$ 为人均花费 p 的对数值的滞后一阶值。u、v 分别为供给函数和需求函数的随机项。在市场出清的前提下，可以利用式（3-6）、式（3-7）识别需求函数。

（2）估计结果与检验。数据的收集。利用 2011～2019 年的国内旅游人数、人均可支配收入、人均旅游花费（见表3-3）分别作为旅游需求量 q_t、人均收入 y_t 和旅游价格 p_t 来估计这段时期的国内旅游需求函数。数据来源为相关年份《中国统计年鉴》和《中国旅游统计年鉴》。

表3-3　2011～2019 年国内旅游人数、人均可支配收入和人均旅游花费

年份	国内旅游人数（亿人次）	人均可支配收入（元）	人均旅游花费（元）
2010	21.03	12507	598.18
2011	26.41	14582	730.99
2012	29.57	16669	767.88
2013	32.62	18599	805.52
2014	36.11	20566	839.43
2015	40	21996	854.88
2016	44.4	23821	887.16
2017	50.01	25974	913.03
2018	55.39	28228	925.77
2019	60.06	30733	953.23
2020	28.79	32189	774.1
2021	32.46	35128	899.3
2022	25.30	36883	808.06

资料来源：根据国家统计局国家数据（https://data.stats.gov.cn）或相关数据计算而得。

需求函数估计与检验。我们对表 3-3 的数据，利用 2SLS 方法进行回归，需求方程估计的结果如下：

选取 2011~2019 年的结果，运用 Eviews 进行回归，其结果为：

$$\ln \hat{q}_d = 7.3144 - 4.8017 \ln p_t + 2.8802 \ln y_t \qquad (3-8)$$

$$(1.1558) \quad (-2.2759) \quad (3.6297)$$

$$R^2 = 0.9878 \qquad F = 244.86$$

检验结果为：$\ln y$ 对 $\ln q$ 在 5% 显著性水平下有显著影响，$\ln p$ 对 $\ln q$ 在 10% 显著性水平下有显著影响；外生性变量检验结果表明：p 在 5% 显著性水平下接受原假设，为外生变量（见表 3-4）。

表 3-4 回归运算结果

变量	回归系数	标准误差	t 统计量	P 值
常数项	7.314402	6.328332	1.155818	0.2917
$\ln y$	2.880222	0.793505	3.629746	0.0110
$\ln p$	-4.801709	2.109790	-2.275918	0.0632
R^2	0.987788	被解释变量均值		3.692898
调整后 R^2	0.983717	被解释变量标准差		0.284492
回归标准差	0.036303	残差平方和		0.007907
F 统计量		244.8575		
P 值（F 统计量）		0.000002		

3. 对于结果的分析

首先，需求弹性的变化是经济社会发展的阶段性表现。1993 年，建立社会主义市场经济体制被写入宪法，我国改革开放和社会主义现代化建设进入新的发展阶段。这一时期，国民经济持续快速增长，城乡居民生活水平显著提高，国家明确提出"小康"目标并实现"总体小康"；人均可支配收入从 1993 年的 1383.57 元增长至 2010 年的 12507 元。随着人民收入水平的持续提升，人民对生活需求的类型、水平和层次也有所提高，而旅游是生活需求类型、层次和水平的一种集中体现。进入新时代以来，人民收入水平进一步提高，人均可支配收入从 2011

年的 14582 元进一步提高到 2020 年的 32187 元，居民恩格尔系数降至 30.2%，人民生活水平跃上新的台阶，为人民追求和享受更高品质的旅游服务和体验提供了支撑。

其次，旅游需求收入弹性、需求价格弹性的阶段性表现不同。旅游作为人们新的生活方式之一，其变化发展很好地反映了我国经济社会的变化。按照双对数模型的结果，1993~2010 年，需求价格弹性、需求收入弹性均小于 1，且收入弹性大于价格弹性；2011~2020 年，需求价格弹性、需求收入弹性均大于 1，且需求价格弹性大于需求收入弹性。这个转变体现出如下发展特征。

1993~2009 年，需求收入弹性 $0<e_y<1$，需求价格弹性 $0<e_p<1$，且 $e_y>e_p$，旅游表现为生活必需品特征。随着人们收入水平的提高，即我国走向"小康社会"的过程，人们对于生活方式的多样化需求，表现出"刚性"需求的特征；在不考虑收入与价格之外因素的前提下，收入是影响人们出游行为的主要因素。而且旅游产品的同质性较强，因此，有游客经常埋怨外出旅游是"白天看庙，晚上睡觉"，个别地方因为拥堵"人钱两遭罪"；旅游产品雷同、服务品质较低是不争的事实。旅游作为人们的一种新的广泛的需求，不能被其他类型的需求替代。人们旅游需求往往表现为"出去旅游"。但是，旅游产品的"同质性"与普通产品的"同质性"存在较大差异。所谓旅游产品的"同质性"主要表现为服务和旅游商品方面，旅游是一种空间行为，不同旅游地的"同质性"产品"嵌入"不同的空间场景，与具体的空间场景形成不同的组合，使"同质性"旅游产品呈现"异质性"的特点。这一时期，旅游活动具有明显的"粗放消费"的特点，表现为价格弹性较低。

一度比较普遍而又广受批评的"零负团费"现象，表面上是旅游企业期望通过降低价格来争夺旅游者和中间商，与之相对应的旅游者人数在迅速增加，这似乎是验证了旅游产品"富有弹性"的特征，能够实现"薄利多销"。其实，"零负团费"现象自身已经从逻辑上否定了所谓的"薄利多销"。因为，以低于成本的价格实现销售，实际上得到的是"负利润",与"薄利"相背离。旅游的"零负团费"变成了一个引诱旅游者的噱头,在旅游过程中,旅游企业通过获得"回扣"来填补"零负团费"造成的亏空。这表明,旅游(除旅行社外)及其相关行业的产品价格普遍虚高,可以为旅游企业提供较高比例的回扣,至少是质价比不合理。整个旅游行业以质量较低的水平来满足迅速增长的旅游需求。这一时期,旅游需求迅速增长的根本原因在于人民收入水平、生活水平迅速提高,旅游成为一种新的生活方式和消费项目得到迅速发展,而不是因为这一时期旅游价格富有弹性而旅游企业实现"薄利多销"的结果。

2011 年以后,收入弹性 $e_y > 1$,价格弹性 $e_p > 1$,且 $e_p > e_y$,旅游表现为奢侈品特征。旅游需求呈现的 $e_p > e_y > 1$ 这一特征,已成为今后的一个基本特征,表明我国旅游进入了一个新时期。从需求方面看,随着人们的收入水平达到新的高度,即人们生活基本实现"小康"之后,大多数人有了多次出游的经历,旅游活动的选择性更强,价格弹性增大,实际上增大的是旅游者的选择性,使旅游消费逐步表现为高品质、选择性更强的"精致消费",人们对于旅游需求的多样化、差异化、品质化要求提高。从供给方面来看,经过几十年的发展,旅游目的地日益增加,旅游产品的类型更加丰富,人们在"出去旅游"的基础上,更加强调并可以初步实现"去哪儿、看什么、玩什么、买什么",旅游目的地、旅游产品之间的替代性进一步增强,需求价格弹性提高;在收入达到一定高度的前提下,价格自然成了影响人们旅游行为的重要因素。价格弹性的增大,不一定意味着旅游价格上升而旅游人数减少,即简单地寻求"薄利多销";从更大的意义上来说,旅游者更多是进行不同旅游目的地、不同旅游产品的产品品质-价格之间的比较,并根据这个比较结果来"用脚投票",旅游业可以通过"质价同升"来实现高质量发展。

最后,旅游需求主要影响指标的变化特征。图 3-3 所示为 2001~2020 年国内旅游变化情况。2001~2011 年,国内旅游人数增长率、居民人均可支配收入增长率和旅游人均花费增长率呈现波动增长;而

2012～2019 年，三个变量在保持为正的前提下，更加平稳。而且一般来说，居民人均可支配收入增长率>国内旅游人数增长率>旅游人均花费增长率。这三个变量的关系还表现为旅游发展由粗放型发展到集约型发展的过渡性特点，如果变化为人均可支配收入增长率>旅游人均花费增长率>国内旅游人数增长率，则体现为旅游发展的质量更高、旅游消费更加理性，旅游企业的效益也会更高。2020 年，由于新冠疫情的发生，国民经济和社会发展受到明显影响，三者呈现了较大的波动。

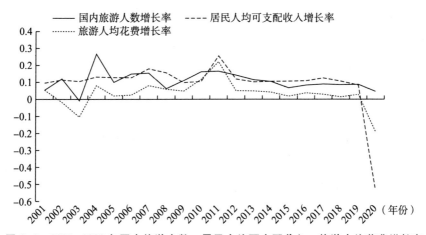

图 3-3　2001～2020 年国内旅游人数、居民人均可支配收入、旅游人均花费增长率

（二）旅游供给对旅游需求的呼应

首先，国家和地方政府旅游发展政策的呼应。改革开放以来，中国经济发展进入一个新的阶段。随着人民生活水平的提高，对于国内旅游的潜在需求逐渐积累，满足人民生活需要、释放潜在需求。

政府对旅游供给构成的重要影响至少有两个方面。

一是通过产业政策和制度创新影响旅游供给。从 1979 年邓小平黄山考察关于旅游的谈话到 1985 年《国务院批转国家旅游局关于当前旅游体制改革几个问题的报告的通知》提出旅游发展的"四个转变"，国内旅游的地位得到认可；"五个一起上"使旅游投资从以满足入境旅游为目的的单纯政府投资扩大为国家、地方、部门、集体、个人均可投资，迅速增加了旅游投资和供给（刘德谦，2019）。尽管在《中华人民共和国国民经济和社会发展第七个五年计划》中仍然强调旅游发展以入境旅游创汇为重点，但借助多年发展起来的旅游供给能力，国内旅游也得到了迅速发展。1993 年，国务院办公厅转发《关于积极发展国内旅游业的意见》给予国内旅游的发展更为明确的地位。到 2009 年《国务院关于加快发展旅游业的意见》（国发〔2009〕41 号）明确提出了深化旅游业改革开放、优化旅游消费环境、倡导文明健康的旅游方式、加快旅游基础设施建设、推动旅游产品多样化发展、培育新的旅游消费热点、提高旅游服务水平、丰富旅游文化内涵、推进节能环保、促进区域旅游协调发展等主要任务，明确要求"制定全国旅游业发展规划。旅游基础设施和重点旅游项目建设要纳入国民经济和社会发展规划。编制和调整城市总体规划、土地利用规划、海洋功能区划、基础设施规划、村镇规划要充分考虑旅游业发展需要"。这些政策措施对于促进旅游业的迅速发展起到了十分重要的作用。《国务院关于促进旅游业改革发展的若干意见》（国发〔2014〕31 号）指出："加快旅游业改革发展，是适应人民群众消费升级和产业结构调整的必然要求，对于扩就业、增收入，推动中西部发展和贫困地区脱贫致富，促进经济平稳增长和生态环境改善意义重大，对于提高人民生活质量、培育和践行社会主义核心价值观也具有重要作用。"对于旅游业的发展提出了新的任务。《国务院关于印发"十四五"旅游业发展规划的通知》（国发〔2021〕32 号）明确指出了旅游发展进入"大众旅游时代"的深刻变化，"旅游业面临高质量发展的新要求"。旅游需求从低层次向高品质、多样化转变，由注重观光向兼顾观光与休闲度假转变。旅游业要发挥"为民、富民、利民、乐民"的积极作用，"成为具有显著时代特征的幸福产业"，并承担"扩大内需的重要任务"，使旅游业成为促进国民经济增长的重要引擎。一系列政策文件的发布，反映了对于旅游业发展认知的不断深化、赋予了旅游业更多的任务，并根据发展实际需要进行政策调整，促进了旅游业的快速、健康发展，促进了旅游供给的数量扩张、质量提升和结构改善。

二是通过增加直接投资影响旅游供给。无论是以入境旅游为主的旅游发展的早期阶段还是"五个一起上"的旅游投资格局形成，各级政府都是旅游投资的重要主体。到 2011 年，政府投资占 25%、国有企业占 13%、民营企业投资占 39%①，政府仍然是重要的投资主体。尽管不同时期政府投资的重点不一样，但是，无论是对于旅游设施、设备的直接投资，还是对于交通、通信和旅游教育等方面的基础性设施投资，都为旅游业的发展提供了最基础和最主要的供给。

其次，旅游产品供给的呼应。随着旅游业的持续发展，旅游需求从低层次向高品质、多样化转变，由注重观光向兼顾观光与休闲度假转变；旅游供给从产品和服务等方面进行呼应。特别是随着"旅游+"的发展，旅游与多个行业领域进行有机结合，产生了多途径的旅游供给和多样化的旅游产品，使旅游产品供给呈现多维度发展的特点。具体来说，"旅游+交通、环保"所形成的自驾车房车营地、公路旅游区、邮轮游艇旅游、低空旅游，"旅游+农林水利"所形成的共享农庄、田园综合体、精品民宿、定制农业、众筹农业以及沙漠公园等，"旅游+科教文卫体"所形成的科技旅游、研学旅游、医疗旅游、康养旅游、体育旅游等，"旅游+城镇化、工业化和商贸活动"形成的旅游风情小镇、森林小镇、购物旅游、会展旅游等。尽管大多还处于发展初期，但发展势头已经展开，在逐步发展过程中呼应了旅游需求的变化；还将随着旅游发展的不断进步而呈现产品类型多样化、产品价值谱系持续拓宽、服务品质持续提高、科学文化含量持续提升的趋势，并使旅游供给侧结构性改革呈现丰富多彩的局面。

二　海南旅游市场供求变化特征

（一）海南旅游市场需求及其变化

除具备与全国旅游市场需求一致的基本特点外，海南作为旅游目的地，市场对其需求呈现一些独有的特点。当前，决定市场对于海南旅游

① 宋瑞主编《2013~2014 年中国旅游发展分析与预测》，社会科学文献出版社，2013，第 19 页。

产品需求的因素主要是由海南的地理、气候和生态特点决定的。

地理、气候和生态特点或者拥有良好的"3S"① 旅游资源，决定了海南市场的需求较大。如前文所述，海南国内旅游人数增长保持了高于全国平均速度的水平，即便是 2020～2022 年，海南国内旅游人数的波动也远小于全国平均水平。仅从 2019～2023 年的数据比较来看，全国 2020 年、2021 年、2022 年、2023 年旅游人数与 2019 年相比，分别为 2019 年的 48%、54%、42%、81%；而海南 2020 年、2021 年、2022 年、2023 年旅游人数与 2019 年相比，分别为 2019 年的 78%、98%、72%、108%②。这些数据说明，海南受公共卫生事件的影响较小，恢复速度更快；进而说明游客对于海南旅游产品的需求相对较大。

地理特点决定了海南旅游产品对东南亚旅游产品的替代性强。由于热带、岛屿的地理特点，海南与东南亚许多旅游目的地存在一定的相似性，这决定了海南与这些旅游目的地的产品之间存在着较强的替代性。由于泰国发生中国游客王某失踪事件，事件发生后，中国赴泰国旅游的人数锐减，部分游客选择海南作为替代旅游目的地。

气候特点决定了海南旅游产品的需求季节性较强。如前文所述，海南旅游的季节性特点十分明显，淡季的海南旅游人数甚至不及旺季的一半，旺季供不应求、淡季供过于求。影响海南旅游淡季需求的因素主要有两个：一是普遍认为的气候因素，在大多数人的认知中，海南夏季太热；二是闲暇时间因素，7 月旅游小旺季形成原因在于学生、教师有暑假的闲暇时间，而其他在职人员不具备足够的闲暇时间。

（二）海南旅游的供给特点

（1）资源依赖性强。海南现有的旅游产品主要是依据主要优势旅游资源开发的结果，对现有资源的挖掘不深、利用水平不高、产品种类单一，产品价值不高。由此造成产品特色不明显、产品品质不高、经济效益较低，且容易被其他旅游目的地的产品替代。

---

① 3S：阳光（Sun）、沙滩（Sands）和海水（Sea）。
② 根据历年《中国统计年鉴》《海南统计年鉴》数据计算整理而得。

（2）总体供给不足。海南旅游产品供给能力在持续提升，一是满足市场需要的同类产品的供给能力持续增加；二是满足市场新需求的产品品种和数量持续增加。但海南旅游供给总体不足仍然是海南物价偏高的根本原因。从旅游景区景点数量、酒店接待能力、交通运输承载能力到食品及基本生活物资的供给，海南在旅游旺季都不能满足市场需求。

（3）服务质量不高。海南服务质量不高表现为产品价值不高、服务体验不理想等方面，产品品质不高、服务质量不高和产品价格偏高是迫使旅游者选择其他类似旅游目的地的重要原因。

（三）海南旅游的供求调节

对海南旅游市场的供求调节，需要从需求和供给两方面着手，尤其是通过供给侧结构性改革入手，从近期与长远两方面进行谋划。

从近期或即时性市场调节来看，应注意以下几点。一是要充分注意旅游需求价格弹性系数大于1，旅游者对于旅游产品的品质要求更高这一重要变化，通过保持旅游价格的稳定性，提升市场对于海南旅游产品的需求数量。二是要充分注意优化交通布局和运力结构，解决季节性出现的运力紧张。三是要出台旅游服务标准，通过旅游服务标准化来提升整体服务质量。

从长远的市场调节来看，应注意以下几点。首先，要从供给侧结构性改革入手，深入研究旅游发展新趋势。充分认识旅游热点从"3S"转向"3N"，即自然（Nature）、怀旧（Nostalgia）和天堂（Nirvana），人类旅游追求从身体享乐为主转变为以精神追求为主的旅游的新变化。研究由此带来的对于产业结构、产品结构、服务能力的新变化、新要求，谋求创新产业结构、产品结构，提升服务能力。尤其应当注意深挖区域文化，推进文化和旅游的深度融合发展。其次，要从新技术革命的发展分析未来的生产方式、生活方式的变化，以及由此产生的对旅游产品和服务的新需求，探索适应未来旅游方式的新业态、新产品。最后，着力提升现有旅游产品的品质，提升现有企业的服务能力，着力增强海南旅游现实的美誉度、影响力和竞争力。

第五节　海南旅游市场绩效

旅游市场绩效是在一定的旅游市场结构条件下，由一定的旅游企业市场行为所形成的在价格、销售量、成本、利润、产品质量、技术进步、社会公平及环境保护等方面取得的最终成果。本章只研究海南旅游市场绩效的最基本指标，其他方面的绩效在本书第六章进行研究。

一　海南旅游的游客满意度

中国旅游研究院每季度都公布一个样本旅游城市的游客满意度。海口和三亚均被作为样本城市纳入调查。在中国旅游研究院公布的《2024年全国游客满意度调查报告》中，海口、三亚的游客满意度持续提高，说明两市在中国旅游目的地城市中占据了一定的地位。2023年1月，搜狐旅游发布了《2022年全国旅游城市品牌影响力报告》，三亚、海口同样被列入且形成了较大的影响力；同时，三亚还与重庆、桂林共同获得2022年度城市旅游网络人气奖。根据中国美好生活城市榜单的评选结果，广州、三亚、大理、长沙、北海、西安、扬州、昆明、拉萨和泉州成为2023年热门旅游城市。上述分析表明，海南作为旅游目的地已经形成了一定的影响力和吸引力，不断持续地被列入各种排行榜，也说明了海南游客满意度在不断提升。

二　海南旅游的主要经济指标

旅游业作为海南建省以来一直重点发展的产业，取得了较为迅速的发展，逐渐成长为支柱性产业，同时通过其较为广泛的关联作用，对于海南经济社会文化发展产生了重要影响。单从经济上来看，我们可以通过综合性经济指标看到其在经济发展中的重要作用。如表3-5所示，海南旅游收入以较快速度持续增长，国内市场的经济绩效持续提升，国内旅游收入构成海南旅游收入的绝大部分，且在2020~2022年受到的冲击较小，2023年迅速回升并超过2019年；国际市场的经济绩效相对较差，1990~2019年，国际旅游收入震荡上升，2020年后，迅速下降，恢复乏力。

表3-5 1990~2023年海南旅游主要经济指标

指标	1990年	2000年	2010年	2019年	2020年	2021年	2022年	2023年
旅游收入（亿元）	2.79	78.56	257.63	1057.80	872.86	1384.34	1054.76	1813.09
国内旅游收入（亿元）	—	69.51	235.61	991.81	865.24	1379.29	1050.52	1800.71
国际旅游收入（亿美元）	0.62	1.09	3.22	9.72	1.12	0.77	0.63	1.84

资料来源：历年《海南统计年鉴》。

从旅游业对地区经济的贡献来看，其一直保持增长态势。如图3-4所示，自2006年以来，旅游业增加值在GDP中的占比（即旅游业依存度）从2006年的6.1%增长至2019年的8.4%，尽管2020年、2022年有所下降，但2021年仍增长到9.1%，2023年进一步增长至9.2%。这表明，旅游业及相关产业在海南经济发展中的实际地位在持续提升，市场绩效在持续提高。

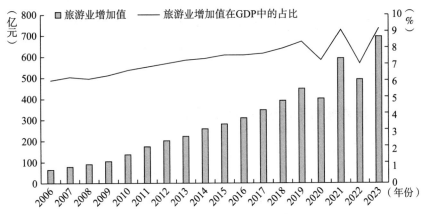

图3-4 2006~2023年海南旅游业增加值及其在GDP中的占比变化

资料来源：历年《海南统计年鉴》。

第四章 海南旅游产业的主要构成

海南旅游产业最初可分为传统的旅游景区、旅行社业、旅游住宿业和旅游交通业。随着社会经济的进步和文化的发展，旅游市场消费需求发生变化，催生了新兴的旅游产业，如旅游购物、旅游演艺业，以及特色的海洋旅游、生态旅游、休闲度假旅游和医疗康养旅游。新兴旅游和特色旅游产业的发展不仅给旅游产业带来了新的生机和活力，也对经济、文化、社会和环境产生了重要影响。

第一节 海南旅游景区

景区是在观光旅游为基础的旅游时代最主要的旅游吸引物。海南旅游景区建设始于20世纪50年代，经历了一个不断创新与提升的过程。景区的发展有效推动了海南经济的增长和就业的增加，同时也促进了文化的传承与创新，提升了国际形象，推动了可持续发展。

一 海南旅游景区建设的战略布局

海南旅游景区的建设和发展大致经历了三个阶段：20世纪80年代至90年代中期的初步探索阶段、20世纪90年代中期到21世纪初期的加速发展阶段、21世纪初期至今的整合提升阶段。

（一）初步探索阶段

海南旅游业发展始于1983年。1983年，中共中央、国务院批转

《关于加快海南岛开发建设问题讨论纪要》，提出"海南岛有条件逐步建成国际避寒冬泳和旅游胜地"①。1986 年 1 月，在国务院召开的全国旅游工作会议上，宣布海南岛为全国 7 个重点旅游区之一，由于中央优惠政策的指引和地方政府的重视，海南省、市、县各级逐步建立了旅游管理机构和经营机构，海南省旅游部门于 1989 年制定了《海南省旅游发展战略及风景区域规划》，规划包含 1 个总报告和 12 个分报告，涉及《风景旅游资源评价和分区》《民族风情资源的类型、评价与发展》《生态环境整治与植物景观旅游规划》《风景环境整治》《风景旅游资源类型》②，该规划的出台避免了海南旅游资源开发决策行为的片面性，为景区建设提供了战略发展的依据。

海口市（含琼山）和三亚市等市（县）由于具备资源和区位优势，先行进行景区景点建设。修缮和开辟了五公祠、海瑞墓、海口公园、东山岭、兴隆温泉、南湾猴岛、大东海泳场、牙龙湾（今亚龙湾）、天涯海角、通什度假村、东坡书院等 20 多个风景区，全岛形成了网络型的旅游景区建设。1988 年，海南省成功开辟了涵盖海湾、山岳、河湖、瀑布、温泉及文物园林等多样风景的旅游景点 100 多个，并精心规划了五大类景点线路，分别是海南文化旅游线路（祖居书院、民族村寨、民族节庆），康复疗养（滨海浴场、温泉度假）、环岛观光（五公祠、铜鼓岭、万泉河、东山岭、牙龙湾、天涯海角）、科学探险（火山洞穴探险、原始森林探险、高山野营探险），生物考察线路（热带植物园、珊瑚群）③。1989 年，海南省开发旅游点 39 个④；1990 年，全省旅游基建投资 265 万元（其中国家旅游局投资 15 万元，海南省财政投资 250 万元），专项用于提升重要景点的建设⑤；至 1992 年，再度明确了全省范

---

① 《海南建省办特区的大事记》，中国改革信息库网站，http://www.reformdata.org/2013/0203/13829.shtml，2013 年 2 月 3 日。
② 《海南年鉴（1990）》，新华出版社，1990，第 98 页。
③ 《海南特区经济年鉴（1989）》，新华出版社，1989，第 272~273 页。
④ 《海南年鉴（1990）》，新华出版社，1990，第 165 页。
⑤ 《海南年鉴（1991）》，新华出版社，1991，第 194 页。

围内的 10 个重点旅游开发区，其中省重点 5 个（白沙门、亚龙湾、石梅湾、桂林洋、芝兰湾）、市县重点旅游开发区 5 个（红树林、铜鼓岭、五指山、万泉河、南湾猴岛），批准立项的旅游开发项目共 89 项，投资 58 亿元人民币、3.9 亿美元、2.4 亿港元[①]；同年，国务院正式批准亚龙湾为国家旅游度假区，亚龙湾和大东海旅游景区被列入"中国旅游胜地四十佳"。此后几年，旅游投资持续进行，主要投资项目包括亚龙湾国家旅游度假区、三亚天涯海角景区、三亚市南田温泉热带风情旅游城、琼海官塘旅游区、琼海万泉河金茂旅游区等[②]。

随着国家对海南旅游发展的进一步重视，海南知名度和对外开放程度提升、常住人口数量增加、社会基础设施和服务设施改善，在一定程度上推动了景区的资源开发和建设、城市规划和城市基础设施建设。海南景区资源呈散点分布，具有一定规模但景区资源开发和管理还处于初级阶段。

（二）加速发展阶段

1996 年，海南国内旅游人数达 451.9 万人次，同比增长 37.69%，入境旅游人数为 33.9 万人次，同比增长 3.45%[③]。1997 年保持了较快速度的增长，全省接待国内旅游人数为 748.75 万人次，比上年增长 65.7%，接待入境旅游人数为 41.28 万人次，比上年增长 21.8%[④]。到 2007 年，全岛接待旅游总人数为 1845.51 万人次[⑤]。海南旅游市场规模进一步扩大，旅游知名度不断提升，旅游景点得以持续投资建设。随着旅游业和旅游景区的快速发展，海南省旅游主管部门主要推进了两个方面的工作：一是加强海南景区的品牌建设；二是整顿快速发展的旅游市场。1997 年海南省人民政府办公厅发布《关于印发海南省创建旅游名牌活动方案的通知》，制定了名牌旅游目的地、名牌旅游区（点）、名

---

① 《海南年鉴（1993）》（卷一·海南概况），海南年鉴社，1993，第 40~41 页。
② 《海南年鉴（1996）》（卷三·海南经济年鉴），海南年鉴社，1996，第 33~34 页。
③ 《海南年鉴（1997）》（卷三·海南经济年鉴），海南年鉴社，1997，第 34 页。
④ 《海南年鉴（1998）》（卷一·海南概况），海南年鉴社，1998，第 44 页。
⑤ 《海南年鉴（2008）》，海南年鉴社，2008，第 152 页。

牌旅游企业的标准，开展旅游名牌评选活动，并设置旅游名牌复查审核机制①，1998 年海南省旅游局、海南日报社、中国旅游报社联合举办了海南优秀环岛旅游线路与优秀景区（点）评选活动，评选出 20 个优秀景区，包括天涯海角、万泉河及红色娘子军雕像、亚龙湾国家旅游度假区、五公祠、东山岭、南山文化旅游区、白石岭、东郊椰林等②。这一系列举措有力地推动了旅游景区品牌建设的进程。同时，亚龙湾国家旅游度假区、三亚南山文化旅游区、兴隆热带花园、文昌铜鼓岭旅游区和琼海博鳌旅游区 5 个旅游景区被列为国家旅游局首批全国优先发展的43 个旅游项目。

在旅游市场监督和整顿方面，1996 年海南省旅游局制定《海南省旅游管理条例实施细则》《海南省旅游定点单位管理规定》《海南省旅游投诉处理办法》《海南省旅游质量监督检查制度》，出台《海南省旅游企业服务公约》《旅游企业、导游和司机"六不准"规定》。此外，海南省旅游局会同工商、交通、公安、物价等部门组成检查组，从1996 年 4 月开始重点检查海口、兴隆、三亚、陵水、保亭、通什、屯昌、文昌、琼海等地旅游市场，剖析典型案例，边整改边提升。9 处存在脏乱差等问题的景点被处罚，3 个以增加回扣拉客的民族风情演出点受到停业整顿和罚款处理③。1997 年，海南省旅游局会同物价部门查处在执行旅游最低保护价和景点门票价格方面存在的问题，会同公安部门对旅游设施进行经常性的安全检查。1998 年，海南省旅游局着手进行主要市（县）旅游资源和旅游项目复查，并在此基础上以特色旅游项目和中西部生态旅游为重点策划开发旅游项目，以期提高景区景点建设质量、优化景区景点布局。

这一阶段海南旅游景区的发展经历了显著转型和快速提升，旅游市场规模逐渐增大。高速公路、机场等交通设施的完善和星级酒店的建设

---

① 《海南年鉴（1998）》（卷三·海南经济年鉴），海南年鉴社，1998，第 46 页。
② 《海南年鉴（1999）》（卷三·海南经济年鉴），海南年鉴社，1999，第 45~46 页。
③ 《海南年鉴（1996）》（卷三·海南经济年鉴），海南年鉴社，1996，第 35 页。

和发展,提高了旅游接待能力。政府加大了对旅游市场和旅游景区的规范管理力度,并着力提升景区品牌,有效提高了景区的知名度和游客满意度。旅游景区不仅在数量上有增长,在管理能力、服务监督、环境维护、物价管理等方面趋于规范化。

(三) 整合提升阶段

2007 年,全国开始开展 A 级旅游景区的建设。三亚南山文化旅游区和三亚南山大小洞天旅游区均入选国家首批 66 家 5A 级旅游景区。海南省共有景区景点、参观点达 69 个,其中 A 级景区(点)29 个(5A级 2 个,4A 级 7 个)。全国农业旅游示范点 3 个,即海南农培万嘉果农庄、兴隆热带植物园、海南博鳌南强旅业发展有限公司;有全国工业旅游示范点 1 个,即海南亚洲太平洋酿酒有限公司[1]。2008 年 4 月 25 日,海南省人民政府发布《海南国际旅游岛建设行动计划》。9 月 20 日,中共海南省委、海南省人民政府联合下发《中共海南省委、海南省人民政府关于加快推进国际旅游岛建设的意见》。国家旅游局和国家其他相关部委也对推进国际旅游岛建设予以支持。围绕国际旅游岛建设目标,海南省启动高 A 级旅游景区创建工作,博鳌论坛旅游景区被国家旅游局评为全国 4A 级旅游景区的标杆,2009 年 A 级旅游景区(点)全面推广电子导游系统[2]。

2010 年,海南国际旅游岛建设上升为国家战略之后,海南省委省政府编制了《海南国际旅游岛建设发展规划纲要(2010~2020)》,明确了海南国际旅游岛建设发展的目标、任务以及空间布局、基础建设、产业发展、保障措施等。根据国家旅游局和海南省委、省政府要求,海南省旅游发展委员会(以下简称"海南省旅游委")于 5 月正式启动了《海南省旅游业发展"十二五"规划》的编制工作,海南省"十一五"旅游发展总结、全省旅游资源调研报告(初稿)以及全省重点旅游项目的规划。财政部和国家旅游局全部批准,拨款 1040 万元作为旅

---

① 《海南年鉴(2008)》,海南年鉴社,2008,第 154 页。
② 《海南年鉴(2009)》,海南年鉴社,2009,第 188 页。

游发展基金，主要用于 A 级旅游景区（点）的基础配套设施建设。全面推进海南岛 4A、5A 级旅游景区的创建及申请评审流程。至 2010 年底，海南省有国家 A 级旅游景区（点）36 个，其中 5A 级旅游景区 2 个，4A 级旅游景区 13 个，3A 级旅游景区 14 个，2A 级旅游景区 6 个，1A 级旅游景区 1 个[①]。2011 年至今，海南省持续推进 A 级旅游景区创建和评定工作，从 A 级旅游景区评审筹备到申请评审，再到 A 级旅游景区评定和复核，逐层把关，邀请专家指导评议；同时，旅游景区的品牌建设逐步形成。2012 年，海南省旅游委与海南省科技厅联合进行高新技术集成旅游示范景区创建，同年，呀诺达雨林文化旅游区、亚龙湾热带森林旅游区、兴隆热带植物园、三亚大小洞天旅游区被评为首批高新技术集成旅游示范景区。2015 年，呀诺达热带雨林文化旅游区获批成为省内首家全国生态旅游示范区。

2017 年之后，旅游综合体不断发展，如海口观澜湖、三亚亚特兰蒂斯、陵水富力海洋主题公园以及海口长影 100 等项目纷纷涌现，其中陵水富力海洋欢乐世界、三亚凯蒂猫主题乐园、呀诺达探索发现、宋氏文化园（一期）等 4 个省重点社会投资项目总投资为 254.90 亿元，2021 年完成投资 24.40 亿元[②]。同时，传统旅游景区（点）的改造升级也取得了显著效果，2018 年全省 38 家旅游景区（点）完成改造升级，旅游景区景点等游客集聚区建成 77 家功能完善、配套齐全的旅游咨询服务中心。智慧景区建设持续推进，2016 年海南省 53 家 A 级旅游景区 43 家完成网络覆盖，覆盖率为 81%，完成全省 6 家 5A 级旅游景区视频接入国家旅游局产业运行监测和应急指挥平台工作，基本实现景区远程视频会议、应急指挥和旅游产业数据分析等功能[③]。2015 年底，海南省有旅游景区 62 个，其中 A 级旅游景区 55 个。在 A 级旅游景区中，5A 级旅游景区 5 个，4A 级旅游景区 16 个，3A 级旅游景区 29 个，2A 级旅

---

① 《海南年鉴（2011）》，海南年鉴社，2011，第 287 页。
② 《海南年鉴（2022）》，海南年鉴社，2022，第 304 页。
③ 《海南年鉴（2017）》，海南年鉴社，2017，第 93 页。

游景区 5 个①。到 2023 年底，海南省有 A 级旅游景区 84 个，其中 5A 级旅游景区 6 个，4A 级旅游景区 33 个，3A 级旅游景区 30 个；旅游度假区 5 个，其中国家级旅游度假区 1 个，省级旅游度假区 4 个②。A 级旅游景区数量从 2007 年的 29 个增加至 2023 年的 84 个，增长了约 1.9 倍，5A 级旅游景区的数量由 2 个增加至 6 个。

随着景区数量的不断增加，加强旅游市场整治和提升旅游景区服务质量管理，成了景区建设的另一个工作重点。认真开展旅游市场综合执法检查，突出监管重点，在重点旅游市（县）开展不合理低价旅游专项整治行动。同时，为了提高景区的服务质量，海南省旅游委邀请专家对 A 级旅游景区创建工作进行技术指导，推进景区标准化建设③。2018 年，重新修订《海南省 A 级旅游景区动态管理实施细则》，印发《海南省旅游发展委员会关于进一步加强旅游景区内购物管理的通知》，进一步提升旅游景区服务质量和管理水平。2019 年，全省开展景区景点旅游服务整改提质行动，完善国家 A 级旅游景区和旅游度假区动态管理机制，重点监督检查和整改完善主要旅游度假区及景区景点的交通、游览、安全、卫生、购物、通信和综合管理等旅游服务功能。

在 A 级旅游景区建设工作中，呈现多方面的特点：一是规划起点高，A 级旅游景区增长速度快；二是发展多元化，不仅注重自然景观开发，还涵盖文化旅游、农业旅游和生态旅游等多个领域；三是基础设施配套完善，政府为旅游业的发展提供了强有力的政策保障和资金支持，申请拨款用于景区基础配套设施建设；四是景区智能化水平不断提升，技术与服务实现全面升级，推广电子导游系统，进行智慧景区建设，提升旅游体验的现代化水平；五是品牌化，持续品牌建设，通过高新技术集成旅游示范景区的创建，加强品牌效应。经过持续建设与优化，海南景区在规模数量、基础设施建设、服务质量及信息技术应用等方面均实

---

① 《海南年鉴（2016）》，海南年鉴社，2016，第 107 页。
② 《海南年鉴（2024）》，海南年鉴社，2024，第 310 页。
③ 《海南年鉴（2018）》，海南年鉴社，2018，第 119 页。

现了显著提升。

二　海南 A 级旅游景区的时空分布

海南旅游景区的数量总体呈上升趋势。2007 年，全省 A 级旅游景区共 29 个，其中 5A 级旅游景区 2 个，4A 级旅游景区 7 个；到 2023 年，A 级旅游景区 86 个，其中 5A 级旅游景区 6 个，4A 级旅游景区 34 个。2023 年，A 级以上级别旅游景区、5A 级旅游景区、4A 级旅游景区分别为 2007 年的 2.97 倍、3 倍、4.86 倍；A 级以上级别旅游景区分布到全岛 18 个市（县）。

（一）海南 A 级旅游景区的数量变化特征

从 2007 年海南省计划评建 A 级旅游景区，2009 年海南建设国际旅游岛上升为国家战略，大力进行 A 级旅游景区建设，海南旅游景区的数量和类型均有所增长，尤其是 4A 级以上旅游景区的数量持续增加。

2014 年，为了保证 A 级旅游景区的设施规模、环境质量和服务质量，海南对全省 A 级旅游景区进行复核，取消个别景区 A 级旅游景区资质。因此，2014 年之后，全省 A 级旅游景区数量会有小幅震荡变化趋势。2018 年之后，由于旅游综合体的投资开发，景区类型日益多元化，涵盖了主题公园、滨海度假区、影视演艺文化景区及自然风景旅游区等多种类型，全省 A 级旅游景区数量呈现快速上升的变化趋势，从 2018 年的 54 个，上升为 2023 年的 86 个，平均每年增速为 9.94%（见图 4-1）。

海南省 A 级旅游景区中，4A 级旅游景区和 3A 级旅游景区变化最明显，其中 4A 级旅游景区增加的数量最多，从 2010 年的 14 个增加至 2023 年的 34 个，增加了 142.86%。3A 级旅游景区在 2014~2023 年数量震荡变化，显示自 2014 年全省开展对 A 级旅游景区复核的工作中，3A 级旅游景区出现的问题较多，其次是 4A 级旅游景区。例如，2014 年取消万宁兴隆亚洲风情园、三亚美天涯景区 A 级旅游景区资质；2016 年取消崖州古越文化旅游区等 5 个 3A 级旅游景区资质；2018 年取消 A

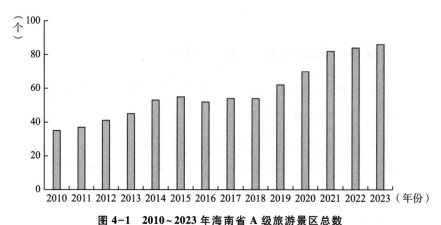

图 4-1 2010~2023 年海南省 A 级旅游景区总数

资料来源：根据相应年份《海南统计年鉴》数据整理而得。

级旅游景区 5 个，其中 4A 级旅游景区 1 个（亚龙湾爱立方滨海乐园），
3A 级旅游景区 3 个（万宁奥特莱斯文化旅游区、三亚海螺姑娘创意文
化园、兴隆热带药用植物园），2A 级旅游景区 1 个（三亚京润珍珠博物
馆）。5A 级旅游景区数量从 2010 年的 2 个增加至 2016 年的 6 个（见表
4-1），之后数量没有增加。

表 4-1 2010~2023 年海南省 A 级旅游景区数量

景区类型	2010 年	2012 年	2014 年	2016 年	2018 年	2020 年	2022 年	2023 年
5A	2	3	4	6	6	6	6	6
4A	13	14	17	15	17	22	33	34
3A	14	18	27	26	23	28	30	28
2A	6	6	5	5	8	14	15	18
A	0	0	0	0	0	0	0	0
合计	35	41	53	52	54	70	84	86

（二）海南 A 级旅游景区空间变化特征

表 4-2、表 4-3、表 4-4、表 4-5 分别显示了 2010 年、2015 年、
2020 年和 2023 年 4 个时间点的海南主要景区数量及分布。从这 4 个表
中的数据变化，我们可以看出，海南省主要旅游景区空间变化具有以下

几个特征。

1. 旅游景区分布更加均衡

2010年，仅10个市（县）有A级旅游景区，占所有市（县）的55.56%；2015年有A级以上旅游景区的市（县）比例保持不变（未计算三沙市，下同），2020年后，18个市（县）全部有A级以上旅游景区。2010年，西部沿海4市（县）（临高、儋州、昌江、东方）仅有2个A级以上旅游景区，其余被列入统计的景区有4个未评级；到了2020年，A级以上旅游景区数量增加到8个（占全省总数的11.43%）；而到了2023年，这一数字进一步增加到12个（占全省总数的13.95%）。海口经济圈（海口、澄迈、文昌、定安、屯昌）5市（县）于2010年、2015年、2020年和2023年分别有8个、20个、24个和27个A级旅游景区，分别占全省的22.86%、32.26%、34.29%和31.40%；三亚经济圈（三亚、陵水、保亭、乐东）4市（县）这4年分别有13个、24个、22个和24个A级旅游景区，分别占全省的39.39%、38.71%、31.43%和27.91%。可见海口经济圈A级旅游景区数量在持续增加，三亚经济圈A级旅游景区占比持续降低。这表明，海南景区景点的分布在持续发生变化，新的景区不断建设发展。

表4-2　2010年海南省主要旅游景区数量及分布

单位：个

市（县）	旅游景区合计	AAAAA	AAAA	AAA	AA	其他
全省合计	57	2	13	14	6	22
三亚	14	2	4	1	2	5
琼海	8		1	2	2	3
万宁	7		1	5		1
海口	5		3	1	1	
五指山	5			1		4
儋州	4			2		2
保亭	3		2			1
陵水	3		2			1

市（县）	旅游景区合计	AAAAA	AAAA	AAA	AA	其他
定安	3			1	1	1
乐东	2					2
文昌	1			1		
临高	1					1
昌江	1					1

资料来源：根据《海南统计年鉴（2011）》数据整理而得。

2. 旅游景区等级逐步提升

近年来，海南 A 级旅游景区建设力度持续加大，A 级以上旅游景区中，5A 级旅游景区由 2010 年的 2 个增加到 2015 年的 5 个，2020 年再增加到 6 个；4A 级旅游景区由 2010 年的 13 个增加到 2015 年的 16 个，再到 2020 年的 22 个，2023 年达 34 个；3A 级旅游景区由 2010 年的 14 个增加到 2015 年的 29 个，到 2020 年为 28 个；2A 级旅游景区由 2010 年的 6 个减少到 2015 年的 5 个，2020 年增加到 14 个，2023 年进一步增加到 18 个。未评级旅游景区数量大幅减少，从 2010 年的 22 个减少至 2015 年的 7 个。随着旅游景区建设的推进，这些旅游景区逐渐达到评级标准，推动了 A 级以上旅游景区数量的持续增长。

表 4-3　2015 年海南省主要旅游景区分布

单位：个

市（县）	景区合计	AAAAA	AAAA	AAA	AA	其他
全省合计	62	5	16	29	5	7
三亚	17	2	6	8	1	
海口	9		4	4	1	
万宁	7		3	4		
琼海	7		1	4	2	
文昌	6			1		5
保亭	4	2				2
陵水	3	1	1	1		

续表

市（县）	景区合计	AAAAA	AAAA	AAA	AA	其他
定安	3		1	1	1	
儋州	3			3		
澄迈	2			2		
五指山	1			1		
昌江	0					
乐东	0					
临高	0					

资料来源：根据《海南统计年鉴（2016）》数据整理而得。

3. A 级旅游景区建设效果明显

持续推进 A 级旅游景区创建和评定工作，从 A 级旅游景区评审筹备到申请评审，再到对 A 级旅游景区评定和复核各环节严格把关，对不符合 A 级旅游景区要求的进行除名，极大地促进了 A 级旅游景区的建设。部分新建设旅游景区直接通过 A 级评定，成为 A 级旅游景区。

表 4-4   2020 年海南省主要旅游景区分布

单位：个

市（县）	旅游景区合计	AAAAA	AAAA	AAA	AA	其他
全省合计	70	6	22	28	14	
三亚	14	3	6	4	1	
海口	12		6	5	1	
琼海	8		2	3	3	
儋州	5		2	2	1	
文昌	5			5		
陵水	4	1	1	2		
定安	4		1		3	
保亭	3	2	1			
万宁	3		2	1		
琼中	2		1		1	
五指山	2			2		

市（县）	旅游景区合计	AAAAA	AAAA	AAA	AA	其他
澄迈	2			2		
屯昌	1			1		
昌江	1			1		
临高	1				1	
白沙	1				1	
东方	1				1	
乐东	1				1	

资料来源：根据《海南统计年鉴（2021）》数据整理而得。

4. 区域之间旅游景区建设速度差异较大

作为省会城市的海口市的旅游景区建设增长最引人注目。2010 年，海口仅有 5 个景区、列全省第四位，2015 年增加到 9 个，2020 年增加到 12 个，2023 年达 15 个，列全省第一位。与这些市（县）不同的是，三亚从 2010 年的 14 个，增加至 2015 年的 17 个，2020 年再下降到 14 个、2023 年保持 14 个不变，旅游景区数量由全省第一下降为第二。与三亚类似，保持相对稳定的还有琼海、万宁、儋州、保亭等旅游景区相对较多的市（县）。

表 4-5　2023 年海南省主要旅游景区分布

单位：个

市（县）	旅游景区合计	AAAAA	AAAA	AAA	AA	其他
全省合计	86	6	34	28	18	
海口	15		6	6	3	
三亚	14	3	5	5	1	
琼海	9		3	2	4	
万宁	6		2	2	2	
陵水	5	1	3	1		
文昌	5		3	2		
儋州	5		3	2		
五指山	4		2	2		

市（县）	旅游景区合计	AAAAA	AAAA	AAA	AA	其他
定安	4		2		2	
保亭	3	2	1			
昌江	3			1	2	
东方	2		1	1		
临高	2		1		1	
澄迈	2			2		
琼中	2		1		1	
白沙	2			1	1	
乐东	2			1	1	
屯昌	1		1			

资料来源：根据《海南统计年鉴（2024）》数据整理而得。

近年来，随着海南基础设施建设的迅速推进，中部和西部地区的景区数量逐渐增加，环岛布局逐渐形成，海南中线高速、环岛旅游公路建设，使景区在岛内的分布更为均匀合理。但 5A 级旅游景区依然集中于三亚、保亭、陵水 3 个市（县），未来，应更深度挖掘海南的自然与文化资源，以文化为依托，以创新为动力，推动高品质景点的持续建设。

第二节　海南旅行社业

旅行社是旅游产业的基础业态，在早期的组团旅游活动中，负责安排游客的食宿、交通、游览、购物及娱乐等全方位需求，对旅游产业的初期发展起到了举足轻重的推动作用。随着科学技术和旅游产业的迅速发展，旅行社的业务范围、职能也在悄悄地发生变化。作为传统的、典型的旅游业态，在未来的发展中仍然要发挥重要作用。

一　海南旅行社业的发展与变化

（一）旅行社总量波动增长

海南旅行社业从建省前的中国国际旅行社和中国旅行社开始，至

1989 年底，全省旅行社增加到 42 家，初步形成一个具有一定接待规模和能力的旅游接待体系。如图 4-2 所示，自 1995~2023 年，海南旅行社总数波动变化较大，呈波动上升态势，至 2023 年达 1220 家，为 1995 年的 4.07 倍；1995~2009 年，数量波动调整，而后开始逐步增加；尤其是 2019 年后，增长速度更快，自 2019~2023 年就增加了 833 家，增加数量为 2019 年的 2 倍。

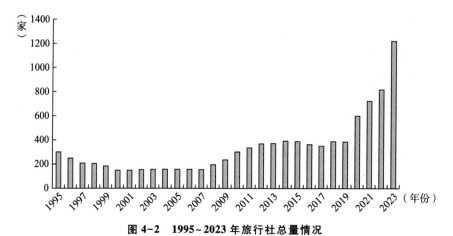

图 4-2 1995~2023 年旅行社总量情况

资料来源：根据相应年份《海南统计年鉴》数据整理而得。

（二）旅行社结构变化

从海南旅行社的结构来看，经营国内旅游业务的旅行社是主体，这与海南游客的构成一致。如图 4-3 所示，由于海南省国内旅行社占旅行社的绝大部分，其变化规律与旅行社变化的总体情况相同。

如图 4-4 所示，海南省国际旅行社的比例较小，其变化特点主要表现为，旅行社数量呈现阶段性特征，1998~2008 年呈波动上升，2008~2009 年呈断崖式下降，2009~2018 年国际旅游岛战略建设期间明显上升，此后又增长相对平缓。

旅行社数量产生变化的原因无外乎如下几点。一是市场需求变化。市场需求量大时，旅行社客源丰富，从而推动旅行社数量的增长；反之，市场需求下降，旅行社客源减少，经营不善的旅行社逐渐退出市

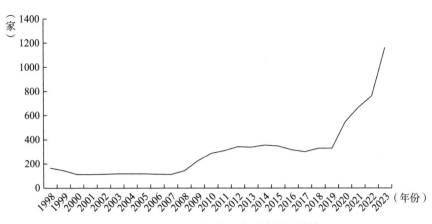

图 4-3　1998~2023 年海南省国内旅行社情况

资料来源：根据相应年份《海南统计年鉴》数据整理而得。

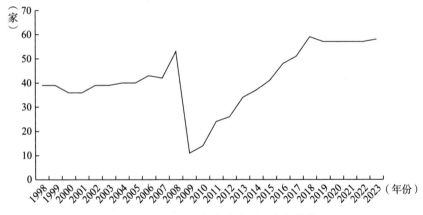

图 4-4　1998~2023 年海南省国际旅行社情况

资料来源：根据相应年份《海南统计年鉴》数据整理而得。

场。二是旅行社的市场竞争程度。当旅行社业务竞争压力过大，必然导致部分旅行社被淘汰；而旅行社竞争压力小，旅行社较容易获得客源，则将刺激旅行社数量增加。三是对旅游业的未来预期。当旅游预期良好，旅行社的数量将增加，海南国际旅游岛战略上升为国家战略带来的旅游发展预期，导致这一时期旅行社数量，特别是国际旅行社数量的变化就是很好的证明。

（三）旅行社的产品变化

以观光旅游为目的的组团旅游的产品主要是开展以导游为核心，包括订票、订房、组织交通等业务。随着旅游产业的发展，散客旅游成为主流，各种旅游平台的出现，使旅行社的产品发生了显著变革。旅行社行业未来的发展将呈现多元化、品质化和创新化的趋势，旅游消费需求的多样化，旅游产品趋于个性化、定制化。生态旅游、文化旅游、康养旅游、免税购物游等特色产品不断涌现，同时，深入挖掘自然与文化资源，开发如热带雨林徒步探险、生态观光、历史文化主题游等旅游产品，将成为未来消费的新热点。互联网技术的发展将推动旅行社行业的数字化转型。在线旅游平台的功能将不断完善，旅行社将依托自有网站、App 等线上平台，打造一站式服务，涵盖在线预订、在线支付及智能导游等功能，从而提升运营效能和服务质量。同时，利用大数据分析技术，深度挖掘游客行为偏好，实现精准营销和个性化服务推荐，增强游客的满意度与忠诚度。在市场竞争日益激烈的情况下，旅行社将更加注重品牌建设和规模化发展。通过优化服务质量、树立良好的企业形象，打造具有影响力的知名品牌。大型旅行社将通过并购、重组等方式扩大规模，实现资源的优化配置和协同发展，提高市场竞争力；中小旅行社则将走专业化、特色化的道路，深耕细分市场，形成差异化竞争优势。

二 海南旅行社的空间分布

（一）旅行社集聚特征明显

从海南开始发展旅游业至今，旅行社的分布主要集中在海口和三亚两个城市。2003 年底，全省有旅行社 157 家，其中海口有 140 家，占比为 89.2%，三亚有 10 家，占比为 6.4%[①]；两市合计占全省的 95.6%。截至 2024 年 9 月，全省旅行社共 1331 家，其中海口市 829 家，占比为

---

① 《海南年鉴（2004）》，海南年鉴社，2004，第 135 页。

62.3%，三亚市 430 家，占比为 32.3%；两市合计占全省的 94.6%，较 2003 年降低 1 个百分点；琼海 15 家，文昌 12 家，万宁 10 家，陵水 10 家①。海口旅行社中，出境游旅行社 35 家，边境游旅行社 8 家②。海口市旅行社主要集中在城市中心及交通便利、人流密集的区域，如龙华区、美兰区等地。这些地段邻近机场、港口及核心商业区，便于接待游客及拓展业务。此外，部分旅行社也会选择在海口的一些著名景区周边设立门店，如假日海滩、骑楼老街等，以便更好地为游客提供服务并吸引客源，除了传统的团队观光游产品外，更推出了定制旅游、主题旅游、亲子游、研学游等一系列特色旅游产品，以满足不同客户群体的多元化需求。由于在线平台的冲击，很多线下旅行社与在线旅游平台合作，借助其流量和技术优势，拓展业务渠道。

（二）旅行社逐渐分散布局

根据最新的市场分析报告，海南的旅行社分布虽然集中于海口、三亚两市，但不再绝对集中于海口，三亚旅行社的占比得到了很大提高，具体来看，三亚的旅行社占比从 2003 年的 6.4% 大幅上升至 2024 年的 32.3%，而海口旅行社的占比则从 2003 年的 89.2% 下降至 2024 年的 62.3%。琼海、文昌、万宁和陵水均超过了 10 家旅行社，保亭、昌江、澄迈、儋州、定安、东方、乐东、临高、屯昌和五指山均有旅行社分布，即 83.3% 的市（县）均有旅行社分布。旅行社的分散布局不仅方便外地游客前来本地旅游，更有利于促进本地居民的出游活动，对推动旅游业的发展具有重要意义。

三　海南旅行社业的规范化发展

（一）旅行社发展面临的问题

随着国内旅游的迅速发展，旅行社迅速增加，旅游管理规范尚不完善，出现了一系列问题。从旅行社外部环境来看，旅游市场竞争日趋激

---

① 海南省旅游和文化广电体育厅官网，https://lwt.hainan.gov.cn/。
② 海口市旅游和文化广电体育局官网，https://lwj.haikou.gov.cn/。

烈，市场秩序较为混乱，竞相削价竞争；同时，非旅游部门越权非法经营旅游业务；部分单位政企不分，经营不善；此外，个别导游还存在不正之风等问题。[①] 从旅行社内部来说，多数旅行社经营规模偏小，管理人员素质偏低；业务经营不够规范，旅行社制度不健全，尤其是财务制度不严，成本控制不力；旅行社整体经济效益不高，微利和亏损的旅行社占相当大比重。[②]

（二）旅行社和旅游市场整顿措施

从 1989 年 1 月开始，以国家旅游局颁发的《旅行社管理暂行条例》和《导游人员管理暂行规定》等为依据，海南省开展了全面清理整顿旅行社的工作。首先，着力推进旅游法治建设，先后出台了《海南省旅游管理条例》《海南省旅游市场管理规定》《海南省导游人员管理暂行办法》《海南省旅行社管理暂行办法》《海南省导游人员违规计分管理暂行办法》《海南省导游人员劳动报酬、福利保障及服务中介费分配暂行办法》《海南经济特区旅行社管理规定》等系列地方性法规和政策文件，这些政策法规的实行，促进了旅游市场的规范化。其次，着力提高旅行社从业人员的思想素质和业务素质，扎实开展旅游从业人员资格认证培训和导游人员职业道德教育，并完成《海南导游基础知识》《全国导游人员资格考试、等级考评资料汇编》《海南省导游员手册》《海南省旅游行业人员考试考务工作规则》等基础教材资料。再次，加大对旅行社的监管力度，旅行社需要遵守更加严格的法律法规和行业标准，如资质审核、合同管理、导游管理等；认真进行全省旅行社业务经营许可证审核、编号、换发、公告工作，取缔不合规的旅行社，查处涉嫌违规的旅行社及导游。最后，制定规范性合同文本，制约不规范行为，出台《海南省境内旅游合同》《海南省出境旅游合同》等 13 个合同示范本，引导旅行社规范旅游合同和电子行程管理。

---

① 《海南年鉴（1990）》，新华出版社，1990，第 163 页。
② 《海南年鉴（1999）》（卷三·海南经济年鉴），海南年鉴社，1999，第 46 页。

第三节　海南酒店业

海南酒店业作为海南旅游业的重要基础，在某种意义上，酒店本身即成为引人入胜的旅游亮点。此外，部分区域酒店群的集聚现象，壮观且独具特色，构成了海南旅游产业发展的一大鲜明特点。

一　海南酒店业的发展与变化

（一）酒店及接待能力的变化

随着旅游业的迅速发展，过夜游客人数迅速增加，酒店业接待能力也迅速增加，从纳入旅游酒店统计的数量和客房数来看，主要呈现为迅速增加，阶段性数量调整（见图4-5）。旅游酒店数从1987年的31家、2804间客房增加到最高2018年的966家、159695间客房；酒店增加了30.16倍、客房数增加了55.95倍；酒店规模逐渐扩大，从1987年的平均90.45间提高到2023年的169.46间，酒店规模平均扩大了0.87倍。①

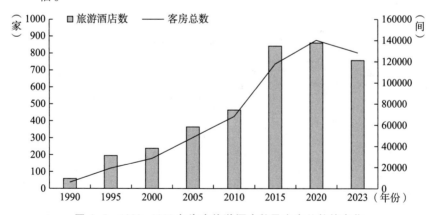

图4-5　1990~2023年海南旅游酒店数及客房总数的变化

资料来源：根据相应年份《海南统计年鉴》数据整理而得。

---

①　根据相应年份《海南统计年鉴》数据整理计算而得。

未纳入统计范围的酒店、民宿也迅速增加，迅速提高了海南过夜游客的接待能力。我们从过夜游客人数的增长可以推算出酒店业的总体水平。2023年接待过夜游客为6348.1万人次，考虑平均逗留时间、酒店房间平均床位数、酒店平均房间数、入住率等因素，可以估算出酒店房间需求和酒店总数。

（二）海南星级酒店的结构

海南星级酒店的发展经历了一个从数量增加到质量提高，酒店逐步追求个性化的过程。如表4-6所示，海南三星级酒店的数量和在旅游饭店中的占比有一个从低到高，又逐步降低的过程。到2023年，三星级以上酒店占旅游饭店的比重降至不足10%，数量也从2010年的188家降至72家，这并不意味着海南高等级酒店业在萎缩；相反，高等级酒店在遵循建设标准的基础上，不再拘泥于刻板的星级标准，而是更加注重满足游客需求，追求个性化和特色化发展。况且，海南出现了一批如"亚特拉迪斯""红树林"等超过五星级建设标准的所谓"七星级""白金五星"的酒店，这些酒店也就不再愿意参加五星级酒店的评级而"降低"身份。因此，单纯以星级来衡量海南酒店业的发展水平和质量已经不再完全适合于海南酒店业的发展。

表4-6 海南星级酒店变化情况

年份	旅游酒店数（家）	五星级（家）	四星级（家）	三星级（家）	三星级以上（家）	三星级以上占比（%）
2000	238	4	9	31	44	18.49
2005	364	13	41	98	152	41.79
2010	464	21	55	112	188	40.52
2015	841	26	41	64	131	15.57
2020	860	21	32	39	92	10.7
2023	757	19	26	27	72	9.51

资料来源：根据相应年份《海南统计年鉴》数据整理而得。

（三）海南高等级酒店的分布

海南高等级酒店分布从海口、三亚、万宁逐渐向其他市（县）分布，尽管表4-7显示的结果是先分散后又逐渐集中，部分酒店不再按照星级酒店标准建设而是追求特色化、个性化，使星级酒店减少。但事实上，各县（市、区）高星级酒店逐渐增加，在著名的海湾或滨海形成了包括三亚亚龙湾、海棠湾、三亚湾、海口西海岸、文昌清澜湾、万宁石梅湾、神州半岛、保亭七仙岭等酒店群。

表4-7　海南三星级以上酒店分布情况

单位：家

年份	酒店等级	数量	分布市（县）数量	分布各市（县）具体数量
2000	五星级	4	3	海口（2）、三亚（1）、万宁（1）
	四星级	9	3	海口（3）、三亚（5）、万宁（1）
	三星级	31	9	海口（15）、三亚（4）、万宁（3）、通什（2）、文昌（2）、儋州（2）、琼山（1）、琼海（1）、定安（1）
2005	五星级	13	4	海口（4）、三亚（7）、琼海（1）、万宁（1）
	四星级	41	6	海口（13）、三亚（18）、琼海（4）、万宁（4）、东方（1）、陵水（1）
	三星级	98	11	海口（27）、三亚（22）、万宁（21）、琼海（10）、儋州（5）、五指山（4）、文昌（4）、定安（2）、东方（1）、乐东（1）、陵水（1）
2010	五星级	21	4	海口（7）、三亚（11）、琼海（2）、万宁（1）
	四星级	55	6	海口（16）、三亚（22）、万宁（11）、琼海（4）、东方（1）、陵水（1）
	三星级	112	11	海口（33）、三亚（25）、万宁（25）、琼海（12）、五指山（4）、文昌（4）、儋州（3）、东方（3）、临高（1）、琼中（1）、陵水（1）
2015	五星级	26	5	海口（7）、三亚（14）、琼海（2）、万宁（1）、文昌（1）
	四星级	41	5	海口（14）、三亚（17）、万宁（8）、琼海（1）、五指山（1）

年份	酒店等级	数量	分布市(县)数量	分布各市(县)具体数量
2015	三星级	64	11	海口(18)、三亚(10)、万宁(14)、琼海(9)、五指山(3)、儋州(3)、文昌(2)、临高(1)、东方(2)、琼中(1)、陵水(1)
2020	五星级	21	5	海口(3)、三亚(14)、琼海(1)、万宁(2)、文昌(1)
	四星级	32	4	海口(14)、三亚(16)、万宁(1)、琼海(1)
	三星级	39	8	海口(17)、万宁(8)、琼海(5)、三亚(2)、五指山(2)、文昌(2)、东方(2)、临高(1)
2023	五星级	19	4	海口(3)、三亚(14)、琼海(1)、万宁(1)
	四星级	26	2	海口(18)、三亚(8)
	三星级	27	8	海口(15)、琼海(3)、万宁(3)、五指山(2)、三亚(1)、文昌(1)、临高(1)、东方(1)

资料来源:根据相应年份《海南统计年鉴》数据整理而得。

(四) 海南连锁酒店的发展

除国际品牌酒店之外,国内品牌连锁酒店也发展迅速,如家、七天、汉庭、格林豪泰、锦江之星、全季、维也纳、亚朵等不同层次的连锁酒店梯次兴起、广泛布局,满足了不同需求的游客的住宿需求;海南还有自己的连锁酒店品牌——佳捷连锁酒店。这些酒店规模不大,但拥有自己的装修风格、装饰特点、服务标准,具有良好的可识别性,受到住客的欢迎。中档和经济型连锁酒店的兴起和广泛布局丰富了海南酒店业的发展。第一,给其他同类型酒店展示品牌效应;第二,给其他同类酒店传递服务标准;第三,通过品牌竞争、价格竞争,促进酒店服务品质提高。

(五) 民宿的兴起与发展

随着市场需求的多样化和美丽乡村建设,住宿业供给类型也更加多元化，各种类型和档次的星级酒店、民宿，尤其是乡村民宿的数量显著增加。乡村民宿依托乡村社区环境建设，具有个性化的装修设计风格，往往还与餐饮、娱乐、休闲、农业观光以及农副产品销售等多种业态相结合，因此深受年轻人的喜爱。但是，乡村民宿刚开始建设，建设标准、服务标准参差不齐，2018 年成立海南省乡村旅游民宿协会，印发《海南省乡村民宿服务质量等级划分与评定》地方标准[①]，2019 年 5 月 22 日，海南省旅游和文化广电体育厅、海南省住房和城乡建设厅等 6 个部门颁布《海南省促进乡村民宿发展实施方案》《海南省乡村民宿管理办法》，促进乡村民宿发展，加强乡村民宿管理[②]。2019 年，完成了第一批乡村民宿等级评定工作，并持续至 2022 年，共开展了 4 批乡村民宿评级工作，最终评定出 38 家等级民宿（包括金宿 3 家、银宿 13 家、铜宿 22 家）[③]。2021 年，海南省开展住宿服务整治，检查、暗访酒店民宿，并进行现场整改，2022 年，动态更新"海南旅游诚信平台"旅游企业诚信档案，完善旅游企业信用信息。

随着民宿类型更加多样化，海滨民宿、乡村民宿、森林民宿等不断涌现，海南加大了对民宿行业的管理力度，实施更加规范的管理制度，包括加强消防、卫生、安全等方面的监管，进一步提高了民宿行业的服务质量，一些民宿也开始积极引入专业管理团队，或参与专业培训课程，以期提升自身的管理水平。海南住宿业整体向品牌化、高质量和多元化方向发展。

二 海南酒店业的规范与服务品质提升

（一）酒店设施设备的逐步完善

海口最早的较高水平的酒店（早期称为饭店，本书行文中未做区分）是 1984 年开业的望海楼，1987 年按照三星级标准装修改造。金陵

---

① 《海南年鉴（2019）》，海南年鉴社，2019，第 111 页。
② 《海南年鉴（2020）》，海南年鉴社，2020，第 94 页。
③ 《海南年鉴（2023）》，海南年鉴社，2023，第 338 页。

度假村则是三亚第一家度假酒店，1988 年 4 月开工建设，1989 年 11 月建成开业，共 178 间客房。这一时期海南的酒店数量相对较少，且主要集中在海口、三亚等大城市。这些酒店规模偏小，设施简陋，主要以接待商务旅客及少量游客，且多由政府和国有企业投资建设，资金来源较为有限，因此酒店的建设和发展受到一定制约。由于缺乏专业的酒店管理经验和人才，酒店的服务水平和管理水平相对较低，在餐饮、住宿等方面的服务质量还有待提高。截至 1990 年底，全省共有旅游饭店 69家，客房 7099 间（其中空调房 5400 间，一般房 1699 间），床位 15467张（其中空调床位 11236 张，一般床位 4231 张）①；如今看似普通的空调也被纳入统计范畴，这反映出当时旅游饭店的设备设施条件相对落后。

1992 年 10 月，经国务院批准成立海南亚龙湾度假区。1994 年，海南省人民政府出台了一系列鼓励旅游和酒店业发展的政策，包括税收优惠、土地使用优惠等，吸引了大量投资者进入海南酒店市场。同时，随着国内经济的快速增长和人民生活水平的提高，旅游消费市场逐渐扩大，为海南酒店业的发展提供了广阔的空间。海南酒店数量增加，档次也逐步提升。随着发展，一些高星级酒店和度假村应运而生，它们配备了更加完善的设施，提供了更加优质的服务，能够全方位满足不同层次游客的需求。

（二）全面提高酒店（饭店）员工职业技能

1995 年，海南启动星级酒店的评定工作，同时海南省旅游局制定《海南省旅游行业"九五"岗位培训工作规划》和《1997 年海南省旅游培训计划》，加强旅游行业和酒店业的岗位培训工作，提高规范化管理能力和一线员工服务质量。采取如下措施：推出《星级饭店从业人员三年培训计划（2022～2024 年）》等文件，通过鼓励酒店行业进行规范化发展，提升服务质量；通过政策支持酒店业人才培养，海南省出台

---

① 《海南年鉴（1991）》，新华出版社，1991，第 194 页。

了《海南省酒店业人才培养实施方案》，明确提出通过创新人才培养支持机制，提升酒店从业人员的专业素养；政府实施财政优惠政策，激励酒店从业人员积极参与学历教育和职业技能培训；政府还采取具体措施提升酒店员工素质，包括组织专业培训、情景模拟和实操训练，以助其掌握服务技能和提升职业素养。

（三）严格进行星级酒（饭）店复核和推进绿色酒店建设

严格高标准、严要求，做好星级酒店评定和复核工作。2000 年，星级酒店复核率达到 100%，对不符合要求的星级酒店取消资格。至 2000 年底，海南省有星级酒店 92 家，其中五星级酒店有 4 家（海南寰岛泰得大酒店、金海岸罗顿大酒店、三亚凯莱度假酒店、兴隆康乐园大酒店），四星级酒店 13 家，三星级酒店 50 家，二星级酒店 190 家，一星级酒店 6 家。当年旅游酒店平均开房率为 55.4%[1]。2005 年，旅游酒店星级评定新标准出台，为完善旅游酒店星级评定制度，2006 年制定《海南省旅游饭店申报星级饭店的申请程序和审批规范》《星级评定检查通知书》等规范性文件，2009 年，全省星级旅游酒店达 238 家，拥有客房 3.66 万间，床位 6.77 万张，具体包括五星级 20 家、四星级 54 家、三星级 112 家、二星级 42 家以及一星级 10 家[2]。2015 年底，全省有星级酒店 144 家，其中五星级酒店 26 家，四星级酒店 41 家，三星级酒店 64 家；此外，还有 112 家中高端品牌酒店按五星级标准建成并营业，同时，17 家国际及港澳台酒店管理集团、38 个国际品牌旗下的 65 家酒店也进驻海南[3]。

为响应国家旅游局建设"绿色旅游饭店"的号召，以及海南省委作出的建设"生态省"战略部署，推进生态文明建设，按照《绿色旅游饭店》（LB/T 007—2006）标准，2008 年全岛推进绿色旅游饭店建设。按照减量化、再利用、再循环和替代原则，进行绿色设计、能源管

[1] 《海南年鉴（2001）》，海南年鉴社，2001，第 131 页。
[2] 《海南年鉴（2010）》，海南年鉴社，2010，第 217 页。
[3] 《海南年鉴（2016）》，海南年鉴社，2016，第 106 页。

理、环境保护、降低物质消耗、提供绿色产品和服务，实现经济效益与环境效益的同步提高。当年海南共评定出 10 家绿色旅游饭店[1]。

第四节　海南旅游交通业

交通运输是旅游的基础，旅游的通达性是由交通与运输的水平和能力决定的。海南交通运输的发展水平和能力一直是海南旅游业发展的重要制约因素。海南正在"加快建成便捷顺畅、快速连接，智慧引领、低碳畅行，连通陆岛、海陆空一体，通达全球的现代综合交通运输体系"[2]。从某种意义上来说，海南旅游要获得新的发展，前提是交通运输业必须实现新发展。2023 年，海南铁路、公路、水运和航空四种运输方式的占比分别为 23.18%、32.71%、17.35%、26.76%，客运量大致均衡，按占比由高到低排列依次为公路、航空、铁路、水运。这四种运输方式都是交通运输的重要力量，缺一不可。由于交通运输管理的特点，接下来，我们按照交通运输的行业进行分析。

一　海南公路运输的发展

（一）海南公路的通车里程与运力的发展

1988 年，海南建省之初，海南公路通车里程为 12816 公里，其中晴雨通车里程 10865 公里，有路面里程 5936 公里，三级以上公路里程 1262 公里，水泥和沥青路面里程 1442 公里。[3] 建省之后，公路建设蓬勃发展，通车里程持续攀升，从 2001 年突破 20000 公里至 2017 年迈过 30000 公里大关，2020 年更是跃升至 40000 公里以上，直至 2023 年，公路通车里程达 41817 公里，是 1988 年的 3.26 倍。其中，高速公路从无到有，1998 年为 302 公里，2023 年达 1399 公里，增加了 3.63 倍；

---

① 《海南年鉴（2009）》，海南年鉴社，2009，第 187 页。
② 《海南现代综合交通运输体系规划》，国家发改委网站，https://www.ndrc.gov.cn/xxgk/zcfb/ghwb/202009/t20200929_1239836.html，2020 年 9 月 29 日。
③ 《海南统计年鉴（1989）》，第 330 页。

等级公路的里程占比高达 99.8%。[①] 1988 年，海南省通车线路 20 条，全年公路旅客运输量 12528 万人。此后，公路旅客运输量持续增长，直至 2013 年达到 45800 万人的高峰。但随后出现波动下降，2014 年降至 11024 万人，又进一步滑落至 4307 万人（见图 4-6）。[②]

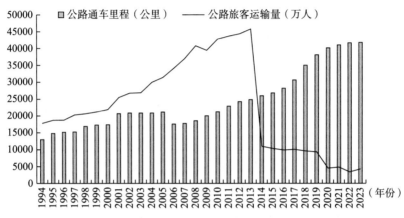

图 4-6　1994~2023 年海南公路通车里程与客源量变化情况

资料来源：根据相应年份《海南统计年鉴》数据整理而得。

由图 4-6 可知，公路旅客运输量并没有随着公路通车里程的增加而持续增加，一个重要的因素是其他运输方式的发展和替代。公路运输人数下降的一个重要原因是海南东线和西线动车的开通，但是，海南环线动车的开通对于公路运输量的影响存在明显的滞后效应。随着海南公路网的进一步建设和海南环岛旅游公路的完善以及海南环热带雨林国家公园旅游公路的建成，公路旅客运输量将出现增长态势。

（二）海南旅游公路的建设

迄今为止，海南已经形成了以高速公路为骨架、省县乡公路为基础、旅游公路为特色的较完善的公路网，为全省经济社会和旅游业的快速发展创造了良好的交通运输条件。“十二五”期间，海南全面启动了“田”字形高速公路主骨架项目，而环线高速公路（G98）是中国国家

---

① 《海南年鉴（2024）》，海南年鉴社，2023，第 336 页。
② 《海南统计年鉴（1989）》，第 330~331 页。

高速公路网规划的地区环线之一，由东线高速公路、海口绕城高速公路、西线高速公路、三亚绕城高速公路四部分组成，按照顺时针方向依次经过海口市、定安县、琼海市、万宁市、陵水黎族自治县、三亚市、乐东黎族自治县、东方市、昌江黎族自治县、白沙黎族自治县、儋州市、临高县、澄迈县。另外，国家高速 G9811（中线高速海口—五指山—三亚）联络线、国家高速 G9812（海口—文昌—琼海）、国家高速 G9813（万宁—洋浦），总里程达 1160 千米；到 2024 年，实际上已经在"田"字形公路格局的基础上，基本构建了"丰"字形+环线高速公路，贯通东西南北、辐射全岛的公路网络，实现了"县县通"高速目标。省级、县级、乡级公路的建设，公路如织，延伸至每个乡村，打造村村通畅、安全便捷的农村公路网，显著提升覆盖广度，确保了民众出行的便捷与乡村旅游发展的蓬勃需求。

到 2025 年，海南将构建以环岛高速和中线高速公路为主骨架、"三纵四横"国省道为主干线，富有特色的旅游公路建设。（1）海南环岛旅游公路。海南环岛旅游公路被定位为"国家海岸一号风景道"，是海南国际旅游消费中心标志性项目。2023 年 12 月 18 日，海南环岛旅游公路实现全线通车。海南环岛旅游公路项目路线主线总里程约 989 公里，连接线总里程 442 公里，贯穿海口、文昌、琼海、万宁、陵水、三亚、乐东、东方、昌江、儋州、临高、澄迈等沿海 12 个市（县）和洋浦经济开发区，将环岛高铁、高速公路、国省干线等有机衔接，构建起了"海南快进慢游"的旅游交通体系[①]；沿途经过 9 类 84 段景观区域，有机串联沿途特色海湾、特色海角、特色小镇和旅游景区、滨海度假区等。（2）环热带雨林国家公园旅游公路。环热带雨林国家公园旅游公路是海南热带雨林国家公园交通体系的重要组成部分，全长 466 公里，途经海南陵水、保亭、三亚、乐东等 9 个市（县）；是贯彻国家公园建设、生态文明试验区建设及乡村振兴等国家重大战略的关键交

---

① 《海南年鉴（2024）》，海南年鉴社，2023，第 336 页。

通基础设施项目。

二　海南铁路运输的发展

（一）海南铁路营业里程与运力的发展

1988 年，海南省有三亚—八所、石碌—八所两条营业线路，总长 214 公里①，旅客运输量 91 万人、旅客周转量 6501 万人公里②。至 2004 年，铁路通车里程增长到 705 公里，此后营运里程减少；旅客运输量维持在 100 万人以下，最少仅 12 万人。截至 2010 年 12 月 30 日，随着海南东线动车的顺利开通，营运线路增加到 832 公里，铁路旅客运输量随之实现了显著提升；2015 年 12 月 30 日，海南西线动车开通并与东线形成环线，营运里程增加到 1172 公里，铁路旅客运输量进一步上升（见图 4-7）。海南铁路运输的客运量主要集中在岛内，而出岛铁路客运则受限于琼州海峡的运力，因此，客运班次相对较少。2024 年底，每天出岛列车仅有 6 对，主要是哈尔滨—海口、长春—海口、上海—海口、广州—海口、新乡—海口和北京—三亚开行。

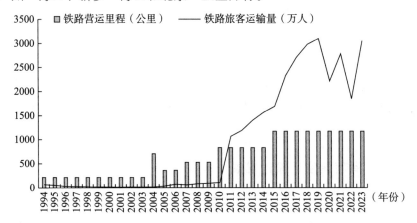

图 4-7　1994~2023 年海南铁路营运里程与铁路旅客运输量变化情况

资料来源：根据相应年份《海南统计年鉴（2024）》数据整理而得。

---

① 《海南统计年鉴（1989）》，第 329 页。
② 《海南统计年鉴（1989）》，第 339 页。

（二）海南铁路运输与旅游发展

海南已经构建起环岛铁路，并由粤海铁路连接岛外铁路网。海南铁路运输面临的主要挑战在于跨海连接方式，当前采用轮渡方式运输列车，不仅速度受限、运量有限，且易受气候变化干扰。这种轮渡方式实际上制约了列车速度与运量优势的充分发挥；寻求其他跨海连接方式是政府、社会一直关注的问题，目前尚未见到公开的确定方案。解决好跨海连接方式，可以迅速提高铁路客运量和货运量，解决海南旅游中出现的多方面供给不足问题（物资供给不足、旺季运力不足等）。目前，湛海高铁项目已经立项建设，推进跨琼州海峡铁路轮渡快速化发展。优先保障湛海高铁对外铁路主通道建设，融入国家高速铁路网，做好配套码头工程的规划建设，尽可能缩短跨越海峡的时间，研究提出快速跨越琼州海峡一体化运输方案，构建快速通达系统，提升通达效率和服务质量。

海南旅游高峰或节假日期间，环岛动车的运力紧张也表明岛内铁路建设还需要大力发展，建设海口至三亚中线高铁已经被列为建设项目，规划建设洋浦至儋州铁路。未来构建形成"一环一线一渡两支"（即由环岛高速铁路构成"一环"，西环货线联通南北组成货运"一线"，"一渡"指粤海铁路跨海轮渡，"两支"为昌感—八所、汉河—石碌两条货运支线）的铁路网布局，以保障自由贸易港客货运的需要。同时，建设以海口、三亚市为核心的多层次轨道交通网络，提高城市交通基础设施建设水平，保障经济社会发展和旅游发展需要。

三 海南航空运输的发展

（一）海南航空运输能力的发展

1988年，海南航空运输共有7条航线，主要是海口飞北京、上海、广州、成都、昆明、沈阳以及三亚飞广州；另有三条包机航线：海口飞香港、曼谷和新加坡；旅游运输量27万人。[①] 海南建省后，民航运输迅

---

① 《海南统计年鉴（1989）》，第329、339页。

速发展，一是民用机场建设加快，海口美兰机场、三亚凤凰机场、琼海博鳌机场先后建成并逐步扩大运输能力；二是航线呈阶段性增加，直接通航城市阶段性增多；除 2020~2022 年外，民航的运输量保持了迅速增长（见图 4-8）。

图 4-8　1994~2023 年海南民航航线与客运量变化情况

资料来源：根据相应年份《海南统计年鉴》《海南年鉴》数据整理而得。

（二）海南航空运输业的发展

由图 4-8 可知，航空运输已经成为海南旅游交通的重要力量。海南交通运输"十四五"规划明确了"两主两辅一货运"① 的运输机场布局；初步建成立足海南岛、服务全国、面向"两洋"、联通世界的国际航空枢纽。2025 年，空中运输大通道更具竞争力，民航通航城市达 210个，其中国际（地区）城市达 80 个，民航航线网络覆盖范围更加广泛。（1）着力加快枢纽机场扩能升级。主要机场定位于面向太平洋、印度洋的区域国际枢纽机场，推动海口美兰机场三期扩建；深入挖掘三亚凤凰机场在现有设施条件下的运行潜力，缓解运行压力。（2）有序推进支线机场新建改建。加快儋州机场建设前期工作，引入市场主体推进东方货运机场建设，实施琼海博鳌机场改扩建工程。（3）提升航空货

----

① "两主两辅一货运"："两主"即海口美兰机场、三亚凤凰机场，"两辅"即琼海博鳌机场、儋州机场，"一货运"即东方货运机场。

运保障能力。提升海口美兰、三亚凤凰等既有机场的货运设施能力和利用率。推进三亚新机场及海口美兰机场三期项目集中布局货机站坪、货运库等货运设施，将东方机场定位为国际货运枢纽机场，建设适合运营发展需要的仓储物流设施、综合货站等。（4）完善机场集疏运体系。以海口美兰机场为中心，打造全省综合交通核心枢纽，连接高速公路、高速铁路和城市轨道交通。三亚机场已实现与高速公路、铁路和城市轨道交通的连接，并配套建设了公交、出租、长途客车等功能设施。加强支线机场与高速、城市快速通道、高铁站、公路客运站以及通用机场等的连接，提升支线机场集疏运通道通行能力。

多点布局，加快推进覆盖全省的通用机场网，建成覆盖全省的通用机场和起降点。重点推进儋州和庆、三亚天涯通用机场的改扩建工程，并新建白沙元门通用机场，以构建全省通用机场网络的核心骨架；推进儋州和庆、万宁、琼中、定安、临高等通用机场建设，作为全省通用机场体系的重要支撑；在特定区域（自然灾害多发地区、高层建筑物楼顶、重要办公场所、重点医院、重要港口、南海岛礁、重点林区、部分高速公路服务区、重点旅游景区等）按需建设 B 类通用机场或起降点，作为全省通用航空基础设施的有效补充。统筹规划通用航空固定运营基地、飞行服务站、维修基地等配套设施建设，增强通用航空服务保障能力。

四　海南航运（海运）的发展

（一）海南航运能力的发展

1988 年，海南省拥有客船 51 艘，提供 4448 个客位；港口码头泊位共计 48 个，主要集中于海口港、八所港和三亚港三大港口，此外还涵盖海口新港、清澜港、白马井港、铺前港、新村港以及卜敖港（今博鳌港）；沿海旅客运输量 422 万人，旅客周转量 9956 万人公里①。内河航

---

① 《海南统计年鉴（1989）》，第 335、337、339 页。

运航道 338 公里，2000 年为 414 公里，2010 年为 343 公里；2021 年为 434 公里[①]。

（二）海南海运与旅游的发展

海南"四方五港两核心"[②] 的沿海港口基本形成，沿海港口万吨级及以上泊位数达 80 个，全省港口综合通过能力达 3.5 亿吨，集装箱通过能力达 750 万标准箱（TEU）。目标是建设成为立足海南岛、服务全国、面向"两洋"、联通世界的国际航运枢纽。另外，实现琼州海峡综合运输通道保障能力显著提升，建成海口港新海港区综合交通枢纽，实现琼州海峡港航一体化；构建以三亚国际邮轮母港为核心、海口国际邮轮始发港为重要组成的邮轮港发展格局，逐步建设儋州邮轮挂靠港等港口。重点建设三亚国际邮轮母港、海口国际邮轮始发港、儋州港邮轮码头工程，满足国际主流大型邮轮停靠，推进游艇邮轮设施建设。

第五节　海南旅游购物产业

随着海南离岛免税政策的落实，海南旅游购物成了一个颇具影响力的产业，不少游客来海南旅游都会把免税购物作为重要的选择。

一　海南旅游商品业的发展

（一）海南传统旅游商品

20 世纪 90 年代海南旅游起步阶段，旅游商品主要以简单的工艺品，如椰雕工艺品、黎锦、贝雕；特色食品，如椰子制品、海产干货、特色水果及其加工品；珠宝饰品，如珍珠、水晶。这些商品具有浓郁的地方特色，但种类相对单一，制作工艺较为传统，以初级加工为主，主要面向本地游客和少量国内其他地区游客。伴随海南旅游业的逐渐兴

[①] 《海南统计年鉴（2024）》，第 315 页。
[②] "四方五港两核心"：海南省初步构建的北有海口港、南有三亚港、东有清澜港、西有八所港和洋浦港的"四方五港"格局，"两核心"即洋浦港成为重要的国际枢纽港和主要港口，海口港成为我国沿海主要港口。

起，旅游商品开始受到关注，但尚未形成规模化的产业。

（二）海南旅游产品的品质提升

21 世纪初至 2010 年前后，旅游商品的种类逐渐增多，除了传统的工艺品和土特产外，开始出现一些与海洋文化、热带风情相关的商品，如海洋生物标本、热带水果加工品等。与此同时，部分商品在设计上开始融入现代元素，制作工艺也得到了一定的提升。海南旅游业的快速发展，吸引了越来越多的国内外游客，对旅游商品的需求也日益增长，进而推动了旅游商品的丰富与多样化发展。

随着海南旅游消费需求的升级，消费结构出现变化，旅游产品种类更加丰富。旅游商品逐步涵盖了手工艺品、土特产、文创产品、旅游纪念品和户外用品等。进一步加大产品的研发力度，生产更高品质的产品，如椰子油护肤品、手工制作的黎锦制品等；部分旅游商品开始形成自己的品牌，如"椰语堂""骑楼老街"等品牌的旅游商品在市场上具有较高的知名度和美誉度；随着互联网的发展，线上销售渠道逐渐成为旅游商品的重要销售途径。线下的旅游商品店也在不断升级改造，提供更加优质的购物环境和服务。2016 年，海南省推动旅游商品行业组织和"海南礼物"旅游商品平台建设。成立海南省旅游商品与装备协会，成功开设 11 家实体店铺和海南礼物淘宝商城等线上商铺，"海南礼物"线下实体店累计接待进店游客 700 万人次。海南游礼旅游文化有限公司成功申请成为"国家旅游商品研发中心（海南）研发基地"单位，这成为国家旅游商品研发中心在全国范围内的第二个省级基地①，此举不仅促进了海南旅游商品的产业升级和文化传承创新，还助力了国际旅游消费中心的建设，推动了相关产业的发展，为海南自由贸易港的高质量发展注入了新的动力。

2020 年之后，旅游商品进一步向深挖文化内涵、创新驱动方向发展，具体呈现以下几方面的发展特征。（1）特色化与文化内涵凸显，深

---

① 《海南年鉴（2017）》，海南年鉴社，2017，第 92 页。

入挖掘海南的历史文化、民俗风情，如黎族、苗族等少数民族的传统技艺、图案、故事等，将其融入旅游商品的设计中，使商品更具地域文化特色和纪念价值，而不仅仅是简单的物品。（2）生态环保理念加强，采用天然、可降解、可持续的材料制作的生态环保型旅游商品更受欢迎，如用椰壳、贝壳、竹子等天然材料制作的工艺品、饰品、餐具等。这些工艺品不仅彰显了海南独特的自然生态特色，同时也完美契合了现代的环保理念。（3）品质与品牌化发展，消费者对旅游商品的品质要求越来越高，因此海南旅游商品将朝着高品质、精细化的方向发展。与此同时，海南旅游商品还致力于品牌的建设与推广，力求打造出独具海南特色的知名品牌，从而进一步提升商品的附加值及市场竞争力。（4）个性化与定制化需求增长，满足不同游客的个性化需求成为趋势，旅游商品将提供更多的定制化服务。游客可以根据自己的喜好、需求，定制具有独特设计、专属图案或文字的旅游商品，如定制的海南风景明信片、印有自己照片或名字的纪念品等，增加商品的纪念意义和独特性。（5）与旅游体验融合加深，旅游商品不再仅仅是购物的对象，而是与整个旅游体验紧密相连。（6）创意与创新不断涌现，旅游商品的设计和开发将更加注重创意和创新，结合现代科技、时尚元素以及新的设计理念，推出如智能旅游纪念品、虚拟现实（VR）及增强现实（AR）体验产品等新颖独特的旅游商品，旨在为游客营造前所未有的购物体验。（7）健康养生类商品受关注，海南拥有丰富的自然资源和良好的生态环境，健康养生是其旅游的重要主题之一。因此，如椰子油、诺丽原汁、热带水果干等健康养生类食品，以及香薰、精油、草本护肤品等保健品与护理品，逐渐受到越来越多游客的青睐。

二　海南免税购物的发展

（一）免税购物政策及其调整

2011 年 3 月 16 日，财政部发布《关于开展海南离岛旅客免税购物政策试点的公告》①，4 月 20 日正式实施，当年，三亚、海口美兰机场两家免税店年内对离岛旅客销售免税品 155 万件，提货人数约 50 万人次。日均接待进店顾客超 1 万人次，日均交易 3000 多笔。离岛免税政策的实施促进了消费，增加了购物在旅游消费中的比重②。2012 年离岛免税销售额为 8243 万元，销售免税品为 9.84 万件，购物人数为 2.86 万人次③。

2014 年 9 月 1 日，三亚海棠湾免税购物中心开业④。这是全球最大的单体免税店，标志着离岛免税政策的实施发展又登上一个新台阶，将进一步释放旅游消费的能力，促进海南省旅游转方式、调结构、促发展，对整个海南现代服务业的发展起到重要的推动作用，为海南国际旅游岛建设提供有力支撑。

2018 年 11 月 28 日，财政部、海关总署、税务总局调整海南离岛旅客免税购物政策，涉及 3 项内容：将年度免税购物限额从 1.60 万元增加到 3 万元；将视力训练仪、助听器、矫形器械、家用呼吸机等康复医疗器械纳入免税商品范围，离岛旅客每人每次可购买 2 件；对岛内外居民旅客实行相同免税购物政策，岛内居民离岛购物同样可以适用全年免税限额 3 万元、不限购买次数的政策内容。12 月 26 日，财政部、海关总署、税务总局联合发布《关于将乘轮船离岛旅客纳入海南离岛旅客免税购物政策适用对象范围的公告》，该公告自 2018 年 12 月 28 日起执行⑤。放宽免税购物政策，可以吸引更多国内外游客，促进当地经济发展，同时也提升了消费者的购物体验和满意度。

2020 年 6 月 29 日，财政部、海关总署、税务总局进一步调整免税购物政策，将离岛旅客每年每人免税购物额度从 3 万元增加至 10 万元，且不限次数；扩大免税商品种类，增加电子消费产品等 7 类消费者青睐

---

① 《海南年鉴（2012）》，海南年鉴社，2012，第 280 页。
② 《海南年鉴（2012）》，海南年鉴社，2012，第 279 页。
③ 《海南年鉴（2013）》，海南年鉴社，2013，第 276 页。
④ 《海南年鉴（2015）》，海南年鉴社，2015，第 81 页。
⑤ 《海南年鉴（2019）》，海南年鉴社，2019，第 112~113 页。

的商品，海南免税购物政策进一步放宽。受离岛免税新政策的影响，海南离岛免税购物消费迅猛增长，2020年全年离岛免税购物金额为274.8亿元，比上年增长103.7%①。

2023年4月1日，海南离岛免税"即购即提""担保即提"提货方式落地，便捷购物流程，推动海南离岛免税消费提质升级。放宽免税购物额度、增加免税商品种类、取消购物次数限制和提升免税购物的便捷性，这些政策极大地刺激了消费者的购买欲望，吸引了大量国内外游客前来购物，成为海南离岛免税市场快速增长的主要动力。随着互联网技术的发展，海南离岛免税企业积极拓展线上销售渠道，通过建立官方商城、与电商平台合作等方式，实现了线上线下的有机融合，进一步提升了消费者的购物体验，扩大了市场覆盖范围。海南离岛免税的发展产生了一定的协同效应，大量游客因免税购物而来，同时也会在海南进行旅游观光、休闲娱乐等活动，促进了当地旅游业的繁荣。旅游业的发展进一步促进了免税购物的繁荣，两者相辅相成，形成了互利共赢的良性循环。此外，免税产业的发展还带动了物流、仓储、金融等服务业的发展，为海南自由贸易港的建设提供了有力支撑。

（二）免税购物场所的增加

随着海南离岛免税购物政策的不断推进，免税购物场所的建设和拓展成为必然趋势。2011年4月20日，海南离岛旅客免税购物政策正式实施，同日，中国内地首家离岛免税店——三亚免税店正式营业；12月21日，海口美兰机场免税店开业。2014年9月1日，全球最大的单体免税店——三亚海棠湾免税购物中心开业。2020年12月28日，中免三亚凤凰机场离岛免税店、三亚海旅离岛免税店、中服三亚国际免税购物公园、中免美兰机场（二期）离岛免税店、海控海口日月广场全球精品离岛免税店、深免海口观澜湖离岛免税店等6家离岛免税店开业。至此，海口、三亚两市都设立了多个离岛免税购物场所。

---

① 《海南年鉴（2021）》，海南年鉴社，2021，第275页。

三 离岛免税购物对于海南旅游促进作用的不同看法

离岛免税政策的执行，对海南旅游能够产生什么样的作用，学界至今仍持不同见解，各抒己见。

（一）肯定说

不少学者对离岛免税政策对旅游的促进作用持十分肯定的态度。颜麒、吴晨光、叶浩彬的研究表明：在离岛免税政策未实施时，海南省接待国内旅游者人均可支配收入每增加 1%，其国内旅游收入总额增加 0.76243%；在离岛免税政策实施后，海南省接待国内旅游者人均可支配收入每增加 1%，其国内旅游收入总额增加 0.810941%。由此可见，离岛免税政策的实施对海南省国内旅游收入总额的增加具有显著影响，反映出离岛免税政策对海南当地的旅游发展有一定的推动作用[①]。刘家诚、张应武、黄熙智的研究结论是：离岛免税政策具有显著的正增长效应，海南实施离岛免税政策后，各县（市、区）经济增长平均提高了 1.53 个百分点；若控制导致经济增长差异的其他因素，离岛免税政策的增长效应甚至高达 5.24 个百分点，对海南省各县（市、区）经济增长的贡献约为 52.65%；离岛免税政策的增长效应主要通过带动第三产业发展实现[②]。张应武、刘家诚的进一步研究表明：海南离岛免税政策虽初见成效，但其潜力仍有待进一步挖掘；提高免税限额对释放游客购物需求作用显著，但若免税限额不变，而仅放宽商品种类和数量限额则影响有限，只会激励消费者购买更多更便宜的商品；改善购物环境或引入更多高端免税品牌能促进购物人数和销售金额增长，进而显著提高免税商品销售额[③]。应该说，2018 年、2020 年的离岛免税政策的调整都呼应了这个研究。

---

① 颜麒、吴晨光、叶浩彬：《离岛免税政策对海南省旅游需求影响效应实证研究》，《旅游学刊》2013 年第 10 期，第 47~51 页。

② 刘家诚、张应武、黄熙智：《海南离岛免税政策的经济增长效应研究》，《海南大学学报》（人文社会科学版）2015 年第 1 期，第 54~59 页。

③ 张应武、刘家诚：《海南离岛免税政策调整效应的实证研究》，《海南大学学报》（人文社会科学版）2017 年第 2 期，第 101~107 页。

（二）怀疑说

也有一些学者对离岛免税政策对旅游的促进作用持怀疑态度。左冰、谢梅的研究认为，海南由于旅游价格较高，离岛免税政策实施初期免税额较低，并没有起到激发额外旅游需求的作用。但免税购物带来的收入效应促进了人均旅游消费的增加，提高了海南旅游总收入水平[①]。余升国、杨鹏辉的研究进一步指出，离岛免税政策的效果与政策细节紧密相连，尤其是前四次及第七次的调整，对城市接待旅游人数产生了显著的正向推动作用。而在试点初期、第五次及第六次调整，离岛免税政策对城市接待旅游人数具有不显著或负向的影响。进一步分析发现，比起免税品种，免税金额的开放更能促进城市接待旅游人数的增长。此外，离岛免税政策对国际旅客的影响要强于国内旅客，因此，先行实施该政策的城市在接待旅游人数方面，相较于其他城市，受到了更为明显的激励作用。长期来看，离岛免税店的设立对城市接待旅游人数具有负向影响。[②] 应该说，离岛免税政策的实施，在海南旅游吸引力不变或增大的情况下，促进旅游收入增加的效应是存在的，在拥有购买免税品的情况下，增加消费是合乎情理的事情。但是，是否能够促进海南旅游增加值的提高，可能是一个需要研究的问题。另外，一个客观的事实是，每位游客的可支配收入用于旅游的预算是有限的，购买了进口的免税商品，就会减少购买海南本地商品，对于部分游客来说，还可能降低其他消费的水准。因此，离岛免税政策对于本地商品和服务存在着"挤出效应"恐怕也是一个不争的事实。

第六节　海南特色旅游

随着人们生活水平的提高和旅游消费观念的转变，旅游者的消费需

[①]　左冰、谢梅：《离岛免税政策对海南旅游需求与消费影响研究——基于旅行与免税商品联合购买模型》，《旅游科学》2021年第2期，第1~16页。

[②]　余升国、杨鹏辉：《离岛免税政策是否促进了旅游业发展？——基于政策历史演进的视角》，《旅游科学》2024年第8期，第1~15页。

求变得多样化，单一的观光模式已无法满足消费者寻求新奇、追求深度体验的需求。在这样的发展背景下，依托于海南丰富的旅游资源，旅游业发展出了一系列新的旅游业态，如乡村旅游、红色旅游、邮轮游艇旅游、海洋旅游、健康旅游、体育旅游、低空旅游等，这些特色旅游不但增强消费者的体验，丰富旅游产品类型，也加深了旅游与其他产业的融合，延长了旅游产业链，带动了区域经济的发展。

一　海南乡村旅游的发展

（一）乡村旅游的兴起

2000 年，海南的一些乡村地区开始尝试利用当地的自然风光、民俗文化等资源吸引游客，然而，当时的乡村旅游尚处于初级阶段，缺乏统一的规划与管理，旅游产品和服务种类也相对匮乏。一些靠近著名景区或交通要道的乡村，如海口石山镇施茶村，凭借临近火山口国家地质公园的优势，开始有少量游客前来观光游览，这可以看作是海南乡村旅游发展的雏形。

2006 年，中国旅游主题确定为"2006 中国乡村游"，宣传"新农村、新旅游、新体验、新风尚"，对于促进乡村旅游的发展起到了重要的促进作用。党的十六届五中全会提出了建设社会主义新农村的重大战略任务，中共海南省委、海南省人民政府发布了《中共海南省委　海南省人民政府关于推进社会主义新农村建设的实施意见》，并编制了《海南省社会主义新农村建设总体规划》，旨在将海南乡村旅游区打造成为国内外游客及省内居民追寻田园风情、领略热带观光农业魅力、享受休闲度假的首选旅游胜地，进而树立其为独具特色的旅游新亮点与品牌。2009 年底，全省有 6 个市（县）、30 多个村庄开展乡村旅游[①]。此后，持续推进乡村旅游发展。

（二）乡村旅游的发展

为促进乡村旅游的健康发展，提高和保证服务质量，从以下 5 个方

---

① 《海南年鉴（2010）》，海南年鉴社，2010，第 219 页。

面入手开展工作。一是进行示范点建设。2012 年，海南省旅游局与海南省农业厅配合开展休闲农业和乡村旅游示范县和示范点创建工作；截至 2014 年，全省已成功创建了 134 家乡村旅游示范单位。二是对乡村旅游点进行等级评定。2012 年，文昌文亭乡园旅游区等被国家旅游局和农业部评为 5 星级乡村旅游点①。2014 年，评定 18 家一级乡村旅游点；2017 年，加强乡村旅游等级质量管理，公布《海南省乡村旅游点等级的划分与评定》（2017 年版）标准，开展全省乡村旅游等级评定工作，评出椰级乡村旅游点 35 家，其中 5 椰级 6 家，4 椰级 7 家，3 椰级22 家。截至 2022 年末，海南省评定椰级乡村旅游点 206 家。认定旅游小镇 1 家。2 个镇入选第二批全国乡村旅游重点镇名录，5 个村入选第四批全国乡村旅游重点村名录②。三是着力推进乡村旅游精品建设。2015 年，重点推荐 8 条乡村旅游精品线路；并促进乡村旅游基础设施进一步完善，随着旅游项目的不断涌现，涵盖了生态旅游、文化旅游、休闲度假、农业体验等多种类型，乡村产业结构也逐步向多元化发展。四是进行乡村旅游规划。乡村旅游接待设施的种类丰富，接待能力和接待品质进一步提升。2014 年，海南省住房和城乡建设厅发布《海南省特色风情小镇建设指导意见》；2015 年，编制与实施《海南国际旅游岛特色风情小镇（村）建设总体规划（2011~2030）》；2017 年发布《海南省特色产业小镇建设三年行动计划》、《旅游小镇认定》（DB 46/T450—2017），重点以旅游小镇认定为抓手，打造具有旅游业核心竞争力的特色旅游小镇。五是成立海南乡村旅游联盟，将全省乡村旅游相关企业联合起来，整合优质资源，统一对外宣传推广海南乡村旅游，全省共有 86 家乡村旅游企业加入。2018 年，成立海南省乡村旅游民宿协会，印发《海南省乡村民宿服务质量等级划分与评定》地方标准，2019 年出台《海南省乡村民宿管理办法》和《海南省促进乡村民宿发展实施方案》。

---

① 《海南年鉴（2013）》，海南年鉴社，2013，第 276 页。
② 《海南年鉴（2023）》，海南年鉴社，2023，第 330~331 页。

2014 年，海南省乡村旅游接待游客 600.46 万人次，旅游收入 17.75 亿元，带动就业 2 万人，其中三亚、琼海接待游客超过 100 万人次[①]。2022 年，受公共卫生事件影响，全年椰级乡村旅游点接待游客 638.73 万人次，实现乡村旅游收入 19.38 亿元。

（三）乡村旅游发展中存在的问题

随着乡村旅游的发展，海南乡村基础设施建设更加完善，产业趋于多元化，产业链条也不断延伸。乡村社区的接待规模和接待能力大幅提升，游客数量的激增引来众多投资者，乡村旅游的规模不断扩大，管理逐步规范。在乡村旅游的发展过程中也暴露出一些问题。一是乡村旅游发展初期规划意识欠缺，导致热点乡村旅游地建设杂乱、拥挤，商业化气息浓厚，不能很好地展现乡村社会与文化的独特风貌。二是乡村旅游项目、产品和实际需求不匹配，缺乏足够的市场调查，不能满足实际需要，经营效果不好。三是缺乏对从业人员的培训和引导，服务质量得不到切实保障。四是受市场波动和外部环境的影响较大，导致客源不稳定，进而增加了投资风险。促进海南乡村旅游健康发展，需挖掘乡村文化和资源特质，因地制宜发展特色产业，提升乡村旅游产品和服务供给水平，提升乡村旅游从业人员的素质和技能，实现乡村旅游的可持续发展。

二　海南红色旅游的发展

（一）海南红色旅游资源

"二十三年红旗不倒"体现了海南革命过程的艰苦卓绝和伟大成就，创造了中国革命的奇迹。在这个过程中，形成了伟大的琼崖革命精神，也形成了丰富的红色旅游资源。除琼崖革命的历史任务外，还有在其他地区参加革命的重要历史人物。革命纪念地（纪念园）和历史人物故居（纪念馆）等构成红色旅游资源的主体。革命历史人物故居（纪念馆）包括宋氏祖居、张云逸纪念馆、周士第将军纪念馆、冯白驹

---

① 《海南年鉴（2015）》，海南年鉴社，2015，第 82 页。

故居等；革命纪念地包括：中共琼崖一大旧址、李硕勋烈士纪念亭、琼崖红军云龙改编旧址、红色娘子军纪念园、母瑞山革命根据地纪念园、五指山革命根据地纪念园等。另外，还有大量革命遗迹、旧址、文物，全省有 501 处革命遗址、110 个爱国主义教育基地（其中 9 个国家级基地、27 个省级基地）。

（二）海南红色旅游的发展

为促进红色旅游的发展，海南主要从如下几个方面着手。一是推进红色旅游资源的规划开发建设。积极修缮相关旧址、遗址，如中共琼崖一大旧址；修建革命纪念园，如红色娘子军纪念园、五指山革命根据地纪念园等；这些旧址、遗址、纪念园实现对外开放。进行革命纪念地旅游开发规划，围绕《母瑞山红色旅游发展总体规划》的要求，完善"百里百村"乡村生态休闲旅游景区和母瑞山红色旅游经典景区的道路、桥梁、水库、园林、建筑物等硬件设施，积极打造红色、原生态旅游精品。2013 年，编制完成《海南省红色旅游发展规划》，开展"海南红色旅游资源调查分析"课题研究，组织编撰《中国红色旅游指南（海南省部分）》。加大红色旅游资源的开发力度与宣传力度，利用纪念日契机，举办丰富多彩的主题宣传活动，以此提升红色景点的知名度，并充分发挥其作为爱国主义教育基地的独特作用。二是开展红色旅游景区管理人员和红色旅游讲解员培训，提高从业人员的业务水平和旅游服务能力。三是推行旅游景区质量等级评定标准，提高红色旅游景区的规范化、标准化管理水平。2017 年，海南省委、省政府发布《关于加快发展海南红色旅游的实施意见》，举办当代海南红色文化论坛，为海南红色旅游发展提供智力支持。之后的几年逐步落实前述实施意见，指导省内红色景区创建 A 级旅游景区，并逐步推介 14 条红色旅游线路。定安母瑞山红色文化旅游区被确定为国家 4A 级旅游景区，实现红色景区高 A 级的突破，为海南红色旅游发展注入了新动力[①]。2022 年"重

---

① 《海南年鉴（2022）》，海南年鉴社，2022，第 296 页。

走琼崖红军之路，追逐百年红色足迹"红色旅游文化系列主题活动在五指山革命根据地纪念园启动，将"红色"与乡村旅游、体育旅游、美食旅游等各类旅游资源深度融合，推出覆盖全省的 15 条精品线路。2022 年底，全省有 A 级红色旅游景区 9 家，其中高 A 级红色旅游景区 3 家[①]。

海南红色旅游的发展，得益于红色旅游资源的精心保护与开发，辅以红色旅游规划的强化编制，红色旅游景区的基础设施建设得以显著提升。其间一系列红色精品线路相继问世，宣传力度持续加大，有力推进了红色旅游景区向 A 级旅游景区的迈进。树立了海南红色旅游的品牌，扩大红色旅游市场。近年来，海南省开展一系列主题活动，推动红色旅游产品创新和融合，除传统的参观游览外，还出现了研学旅行、红色主题民宿、红色文化体验项目等多种新型业态，满足了游客多样化的需求。旅游需求转向深度体验与情感共鸣，游客对红色旅游的期待逐渐从单纯的观光游览转向深度体验，讲解员的素质和讲解内容的科学文化内涵显得尤为重要，数字化技术的应用也更加普遍，促进数字化技术与红色旅游文化内涵相结合是红色旅游创新的重要措施。

三 海南邮轮游艇旅游的发展

（一）海南邮轮游艇产业发展的条件

海南具备大力发展邮轮游艇产业良好的自然条件，作为旅游产业的新兴业态其发展恰逢其时，加之海南对旅游产业的大力扶持与宽松的政策，邮轮游艇产业及其配套产业的发展可谓"天时地利与人和"。第一，邮轮游艇产业发展符合旅游发展的新需要。旅游需求正从"3S"（Sun、Sea、Sand）转向"3N"，对自然的追求、体验与感受需求得到提升，通过全方位提供对于大海、阳光、海岛等自然景物的体验、感受，邮轮游艇旅游比观光旅游能获得更好的体验感、提升满意度，市场

[①] 《海南年鉴（2023）》，海南年鉴社，2023，第 331 页。

对于邮轮游艇旅游产品需求强劲，邮轮游艇产业的发展有利于增强海南旅游的吸引力、竞争力和美誉度。第二，政府对于邮轮游艇产业的发展给予大力扶持，制定邮轮游艇产业发展规划，促进形成布局合理、功能明确、协同发展的邮轮港口体系，以及发展有序、特色鲜明的邮轮游艇产业体系；通过设立重点产业发展专项基金等措施，对邮轮港口建设、航线开辟、客源组织、市场推广、人才引进、区域总部企业落户等提供支持。第三，邮轮游艇产业链条长、关联产业多，发展邮轮游艇产业体系不仅是促进海南高新技术产业发展的重要组成部分，还为海南高新技术产业的特色形成提供了有力支撑。

（二）海南邮轮游艇产业的发展

1993 年，经国家旅游局批准，海南省开辟了首条三亚至越南海上旅游航线，这也是国内首条至越南的海上旅游航线。1994 年，海南省中国国际旅行社同新加坡丽星邮轮有限公司合作，开辟了香港—海口、香港—三亚海上旅游航线。20 世纪末，海南凭借其独特的海岛地理优势和旅游资源，开始对邮轮游艇旅游产业进行初步探索。一些基础的水上娱乐项目和小型游艇服务逐渐兴起，为邮轮游艇市场带来了初步的发展和活力，尽管当时规模还不够大。

2000 年之后，海南加快了邮轮游艇码头等基础设施建设。2007 年，三亚凤凰岛国际邮轮港一期码头建成通航，拥有 8 万吨级国际邮轮码头 1 个，成为当时海南唯一的国际邮轮专用码头[①]。2008 年 2 月，美国皇家加勒比邮轮公司下属的超大豪华型邮轮"海洋迎风"停靠三亚，正式开通香港—越南—三亚—香港定期航线[②]。2009 年，三亚全年接待 132 个航次国际豪华邮轮，接待游客逾 30 万人次[③]，在邮轮停靠航次和出入境游客量方面超越上海、天津等地，跃居国内第一位。海南制定了重点发展邮轮旅游产品的旅游产业发展规划，已经建成了 3 个能够停泊

---

① 《三亚冲刺亚洲最大邮轮母港》，海南政府网，https://www.hainan.gov.cn/hainan/sx-ian/201504/b30a3b088e644896a3da5f91e81a0498.shtml，2015 年 4 月 25 日。
② 《海南年鉴（2009）》，海南年鉴社，2009，第 185 页。
③ 《海南年鉴（2010）》，海南年鉴社，2010，第 219 页。

7万吨级大型豪华国际邮轮的泊位。

为推动邮轮游艇产业的发展，主要采取以下措施。一是精心制定邮轮游艇发展规划，以实现产业的全面布局与有序发展。先后出台了《海口游艇邮轮旅游发展总体规划前期研究》《海南省促进邮轮游艇产业加快发展政策措施》《关于促进海南邮轮经济发展的实施方案》《海南自由贸易港游艇产业促进条例》《海南省游艇产业发展规划纲要（2021～2025年）》《海南省促进游艇修造产业高质量发展行动计划（2022～2024年）》等一系列规划、方案及政策，规范、促进邮轮游艇产业的发展。二是积极开展邮轮游艇相关基础和配套设施建设。加大海口、三亚国际邮轮母港和全省沿海市（县）游艇公共码头的建设力度，依托原有码头改扩建和新建码头满足邮轮停靠需求；完善邮轮港口配套交通措施，实现三亚、海口邮轮港与机场、铁路、水路、公路等交通枢纽及旅游景区景点、购物中心、消费中心的便捷联通。三是促进邮轮游艇业态的扩展。积极拓展邮轮港口服务功能，促进购物、餐饮、娱乐、休闲、船员休息等服务业态的集聚；构建以游艇设计和制造为基础，游艇销售、游艇租赁、驾驶培训为核心，赛事会展、金融保险为延伸的完整的产业链条。四是丰富邮轮产品，壮大邮轮旅游市场。与国际邮轮企业深度合作，开发运营涉及三亚、海口邮轮港的邮轮航线产品，支持中资邮轮公司开展三亚等港口邮轮海上游，打造海上游、环岛游航线产品；推动与国际邮轮公司合作，开通国际邮轮"一程多站"航线产品。五是着力提升邮轮游艇服务水平，建立相关服务标准、管理制度，推进邮轮游艇企业信息化、智能化水平提高，规范邮轮游艇市场行为，提升服务品质，保障游客权益。

邮轮游艇产业发展政策的落实，促进了邮轮游艇产业的发展。西沙邮轮于2022年11月2日复航运营[①]。2022年三亚新增登记游艇462艘，同比增长43.03%；登记游艇总量达1137艘，同比增长20.32%。全省

---

① 《海南年鉴（2023）》，海南年鉴社，2023，第331页。

游艇出海 10.22 万艘次，接待 65 万人次。据海南旅游卫星账户核算，2022 年，游艇游客人均花费 5570.20 元，带来旅游收入达 36.2 亿元，实现游艇旅游增加值 15.32 亿元，占全省旅游业增加值的 2.5%[①]。截至 2024 年，全省已建成运营 13 个游艇码头、2329 个泊位，辖区注册游艇有效保有量达 1534 艘[②]。海南邮轮游艇旅游经历了从初步探索到快速发展，再到现在的高质量发展阶段，其间，基础设施与专业的服务体系逐渐完善，企业数量逐渐增加，产业链结构也得以不断优化。除了邮轮和游艇的运营服务，还涵盖了游艇制造、维修保养、配件供应、旅游培训等多个环节，形成了相对完整的产业体系。旅游产品从单一的观光拓展至海钓、潜水及帆船比赛等多元化体验项目。伴随消费者需求的增加和消费多样化的转变，邮轮游艇企业引进国际先进的管理经验和技术，提升产业的国际化水平；同时，邮轮游艇产业还注重与其他产业的深度融合，与文化、体育、娱乐等领域的结合日益紧密，不仅丰富了游客的体验，也有效提升了产业的整体附加值。

四　海南其他特色旅游的发展

（一）海洋旅游

海南旅游发展初期，海洋旅游产品单一，主要以观海、海边浴场休闲为主，2000 年后逐步发展一系列海洋亲水活动，如潜水（浮潜、半潜、深潜）、摩托艇、划水等体验项目。2009 年 12 月，国务院发布《关于推进海南国际旅游岛建设发展的若干意见》（国发〔2009〕44 号）指出，要将海南建设为世界一流的海岛休闲度假旅游目的地，开发富有特色的旅游项目，完善旅游产品体系，海洋旅游发展到新阶段。为促进海南海洋旅游的发展，主要采取了以下措施。一是进行科学规划。2012 年 11 月 6 日，《国务院关于海南省海洋功能区划（2011~2020 年）

---

① 《海南年鉴（2023）》，海南年鉴社，2023，第 331 页。
② 《加快海南邮轮游艇产业提质省（升）级，助力打造海南国际旅游消费中心》，海南省交通运输厅网站，https://jt.hainan.gov.cn/hdjl/zxft/202312/t20231214_3549679_mo.html。

的批复》（国函〔2012〕181号）正式发布①，《海南省海洋功能区划（2011~2020年）》（以下简称《区划》）是合理开发利用海洋资源、有效保护海洋生态环境的法定依据，它确定了海南省未来10年海洋空间开发、控制和综合管理的基调和目标，对规范用海秩序、推进海南海洋强省具有重要意义。依据《区划》，海洋功能区划按类型划定了农渔业区、港口航运区、工业与城镇用海区、矿产与能源区、旅游休闲娱乐区、海洋保护区、特殊利用区、保留区，共8个一级类海洋功能区，共划分基本功能区188个。海南省正积极调整并优化海洋经济的总体布局，发展壮大海洋产业。二是促进海洋旅游项目的丰富与发展。海南海洋旅游快速发展，形成了多样化的亲海旅游项目，如潜水、冲浪、风筝冲浪、海钓、帆船和帆板等。此外，还有丰富的海洋文化旅游项目，如海洋历史文化和民俗文化体验。海洋生态体验项目包括观鲸、观海豚、观鱼、观鸟等，而海洋研学旅游项目则涵盖了参观海洋科普教育基地、海洋科研院所和了解海洋文化研究。各种"玩海"旅游项目的开发，大大增加了海南对于"Z世代"（通常指1995年至2009年出生的人群）和亲子旅游消费者的吸引力，海洋旅游是旅游消费的重要驱动力。三是举办全国运动会冲浪比赛、亲水运动季、沙滩运动嘉年华等品牌赛事活动，开展潜水、沙滩、冲浪、帆船、帆板、摩托艇、水上自行车等滨海旅游运动项目。三亚后海、万宁日月湾冲浪小镇等冲浪地点成为全国乃至世界知名的"冲浪胜地"。据海南旅游卫星账户初步核算，2021年，海洋游客人均日花费1351元，人均停留3.9天，人均消费5227元②。

海南海洋旅游正处于向高质量发展阶段转型的过程中，急需产品多样化、市场规模的扩大，然而，目前仍面临资源利用不科学、环境受损、安全服务管理缺失、产品同质化严重、文化体验性欠缺以及科技支

---

① 《国务院关于海南省海洋功能区划（2011~2020年）的批复》（国函〔2012〕181号），中国政府网，https://www.gov.cn/zhengce/content/2012-11/06/content_2517.htm，2012年11月1日。

② 《海南年鉴（2022）》，海南年鉴社，2022，第296页。

撑薄弱等多重挑战。这些问题相互交织，共同影响着海南海洋旅游的可持续发展。因此，需要采取综合措施，加强资源保护与开发利用的平衡，加大滨海近水亲水项目管理服务人员的安全培训，加大文化与科技在产品开发中的运用。同时，海南海洋旅游的发展要构建"陆海联动、立体出游"的旅游强国新空间格局①。创新项目策划和延伸产业链，通过发展海洋旅游，带动相关产业升级、结构优化，促进生态环境和文化遗产保护，推动海南海洋旅游的高质量发展。

（二）低空旅游

21世纪初，依托海南优越的自然环境和气候条件，一些旅游企业尝试开展一些低空旅游项目，如直升机观光游览等，但当时这些项目的规模相对较小，尚未形成一个完整的产业体系。2010年，海南成为全国首批低空空域管理改革试点地区，这为低空旅游的发展提供了政策基础，带来了发展机遇，促使相关企业和项目逐渐增多。此后，海南的低空旅游项目持续丰富，除传统的直升机观光外，还新增了滑翔伞、热气球、跳伞、动力伞等多种体验项目。这些项目的飞行架次、飞行小时等指标均处于国内领先地位，空中观光、娱乐飞行的体验感大幅提升，海南低空旅游已逐渐成为新的旅游品牌。

随着海南自由贸易港建设的推进以及相关政策的持续支持，低空旅游迎来了快速发展期。疫情结束后，低空旅游受到"Z世代"消费群体的追捧，海南低空旅游产品已经从直升机观光的单一项目逐步发展成为以娱乐飞行体验、低空观光、低空旅游交通为主的多类型项目。根据海南省航空运动协会统计，2021年全省共计有12个低空飞行涉旅基地，12家经营主体，覆盖7个市、县（海口市、三亚市、琼海市、万宁市、陵水县、东方市、乐东县）。涉及航空运动类项目主要有：跳伞、滑翔伞、动力伞、运动飞机，共计执飞人次为28336人次，项目消费

---

① 戴斌：《将海洋建设成为旅游强国战略新空间——兼论海南省"十五五"发展规划的旅游新理念》，中国旅游研究院（文化和旅游部数据中心）网站，https://www.ctaweb. org.cn/index.php？m=home&c=View&a=index&aid=9879，2024年10月19日。

人均 1907 元①。2022 年低空旅游体验总人次为 10455 人次，人均消费为 3257 元②。

2021 年，海南省人民政府等多部门联合印发《海南省通用航空产业发展"十四五"规划》，提出以低空空域深化改革示范区、低空经济综合发展先行区、通用航空科技创新试验区为发展定位，推动通用航空产业跨越式发展。为贯彻落实 2023 年中央经济工作会议精神和 2024 年国务院政府工作报告提出的"积极打造低空经济等增长引擎"相关要求，海南省人民政府出台了《海南省低空经济发展三年行动计划（2024~2026年）》，明确了构建"三纵三横三出岛"③ 低空航线主干网等目标，为低空旅游的进一步发展指明了方向，计划到 2026 年再出台 3 项政策制度；建设 2 个保障服务平台；建成通用机场 9 个，低空飞行器起降场超过 500个；划设低空航线数量超 300 条；重点拓展建设 8 个低空应用场景；推动一批重点项目建设，实现全省低空经济总产值超过 300 亿元。

随着人们生活水平的提高和对旅游体验感、新奇度的追求增强，越来越多的年轻旅游者愿意尝试低空旅游这种新兴的旅游方式，低空旅游市场潜力巨大。低空旅游可以与其他产业相结合，形成"通航+旅游业""通航+农业""通航+体育"等多种模式，进一步拓宽产业的发展空间。低空旅游的发展也将带动上下游相关产业的协同发展，如飞行器制造、维修保养、飞行员培训、航空燃油供应等，形成完整的产业链条，促进区域经济的发展。

（三）健康旅游

海南得天独厚的自然环境，为健康旅游的发展提供了良好的资源条件。1992 年，亚龙湾国家旅游度假区被国务院批准建立。2004 年，珠江南田温泉度假区一期工程正式对外开放，以海滨度假、温泉疗养等简单的

---

① 《海南年鉴（2022）》，海南年鉴社，2022，第 297 页。
② 《海南年鉴（2023）》，海南年鉴社，2023，第 331 页。
③ 优化现有南北纵向低空航线，新划设 3 条东西横向低空航线、3 条连接海南和大陆的进离岛通道，构建海南"三纵三横三出岛"低空航线主干网。

健康休闲方式为主的健康旅游开始发展。随后，一系列小型的健康疗养院与温泉度假村等相继成立，尽管它们的规模尚小、服务内容也较为单一。

2013 年，国务院正式批复设立海南博鳌乐城国际医疗旅游先行区。一些国际知名的医疗机构和药企纷纷在先行区设立分支机构或开展合作项目，推动了高端医疗与旅游的深度融合。海南充分发挥自身的中医药资源优势，推动中医药健康旅游的发展，定安的海南中医药康养服务港等项目相继落地，将中医药产业、特色南药的健康养生产业、康养旅游和养老产业相结合，形成了"一中一西"的产业区域配套互补格局。海南健康旅游在国内市场的知名度不断提高，日益吸引着众多游客前来亲身体验。同时，海南健康旅游也开始受到国际市场的关注。

2018 年，中共中央、国务院印发《关于支持海南全面深化改革开放的指导意见》（中发〔2018〕12 号），提出"积极推动海南旅游业转型升级，加快构建以观光旅游为基础、休闲度假为重点、文体旅游和健康旅游为特色的旅游产业体系"，2019 年 1 月，海南省人民政府印发《海南省健康产业发展规划（2019～2025 年）》（琼府〔2019〕1 号）指出"紧紧围绕建设'全面深化改革开放试验区、国家生态文明试验区、国际旅游消费中心和国家重大战略服务保障区'的战略定位，将海南打造成为全国健康产业先行先试试验区、健康产业高质量融合集群发展示范区、健康产业科技创新驱动综合示范区、健康'一带一路'重要战略支点、全球健康旅游目的地。"海南省围绕"医学治疗""医学美容""康复疗养""养生保健"等四大医疗旅游关键领域，打造"一心、五区"① 医疗旅游布局体系，旨在将海南建设成为高端医疗旅游与特色养生保健相结合的世界一流医疗旅游胜地、国际著名医疗旅游中心。2019 年出台的《海南省康养产业发展规划（2019～2025 年）》，要

---

① "一心"为博鳌（乐城）—白石岭生命养护医疗休闲旅游区，以博鳌乐城国际医疗旅游先行区的高端国际医疗养生休闲旅游、琼海白石岭康复养生休闲度假的康复养生旅游为核心。"五区"包括海口—澄迈—定安长寿养生休闲旅游区、兴隆—万宁（中医）养生保健休闲旅游区、三亚—陵水国际医疗养生休闲旅游区、儋州蓝洋—洋浦古盐田康养保健休闲旅游区、（保亭）七仙岭—五指山养生休闲旅游区。

求"构建以博鳌、海澄文、大三亚为先导、中西部协同的五大片区康养产业发展格局,即东部以博鳌为中心的医疗康养高地、北部以海口为中心的运动康养文化区、南部以三亚为中心的中医药养生旅游区、中部以五指山为中心的森林医药康养区和西部以儋州为中心的生态康养生活区……将海南建设成为业态丰富、品牌集聚、环境舒适、特色鲜明的亚洲康养中心、国际康养目的地"。海南健康旅游进入快速发展阶段,2021年,海南"医疗+康养""森林+康养""乡村+康养""运动+康养""温泉+康养"等复合型、多维度、跨业态的康养旅游产品日渐成形。博鳌超级医院、一龄生命养护中心等10家医疗机构开业或试运营,推出了一系列特色医疗康养旅游路线,形成了多种体验性强、参与度广的中医药健康旅游产品。2021年医疗健康产业实现增加值197.18亿元,增长1.2%,占全省GDP的3.0%[①]。根据2022年海南旅游卫星账户的核算数据,以康养为目的的游客(不含"候鸟"游客)占国内游客总数的0.65%,这些游客在海南的人均每天花费为1820.42元,平均逗留时间为6.17天。健康旅游游客(不含"候鸟"游客)带来旅游消费43.52亿元,占全省旅游总收入的4.1%[②]。

海南健康旅游产业已初具规模,覆盖了医疗服务、养生保健、休闲度假等多个领域。一些高端酒店和度假村也开始引入专业的健康管理团队,提供定制化的健康管理和康复疗养服务。随着人们健康意识的不断提高和老龄化社会的到来,健康旅游市场的需求将持续增长,海南健康旅游产业将继续完善产业链条,形成集旅游观光、休闲度假、健康管理、康复疗养等功能于一体的综合服务体系。同时,还将积极推动与其他行业的融合发展,如体育健身、文化娱乐、绿色生态等产业,打造多元化的旅游产品和服务。海南健康旅游产业将更加注重与其他产业的融合发展和创新。通过引入前沿的健康管理理念与技术,持续优化服务水平,提升游客体验,进而增强产业集聚效应及健康产业的区域竞争力。

---

① 《海南年鉴(2022)》,海南年鉴社,2022,第297页。
② 《海南年鉴(2023)》,海南年鉴社,2023,第331页。

第五章　海南旅游产业化水平

随着经济社会文化的发展，旅游成为人们重要的生活方式之一。旅游的需求类型日益丰富，几乎所有的地方都可以成为旅游目的地，而一个地方旅游业的发展程度也就成为一个地方现代化、国际化和开放程度的重要标志。

第一节　海南旅游产业化水平测度

衡量旅游产业化水平，在前述旅游产业概念的基础上，探索衡量旅游产业化的指标或指标体系，研究相关指标的测度方法，等等。对于旅游产业化水平的测度主要包括：以投入产出分析为基础的乘数分析方法，衡量旅游业对于其他产业的关联带动作用；测量旅游业对于国民经济贡献的贡献率；测量产业发展与经营效率的集中度。① 囿于数据获得的困难，我们只对旅游业对国民经济的贡献程度和海南旅游业对其他产业的关联度进行分析。

一　旅游产业对经济增长的拉动作用

我们采用旅游业依存度、旅游业贡献率以及旅游业拉动率三个指标来衡量旅游业对于经济增长的拉动作用。袁智慧、李佳宾曾运用 2007～

---

① 黄璨：《旅游产业化水平测度研究》，湖北人民出版社，2016，第 126 页。

2016 年的数据对海南旅游业对经济增长的贡献进行了研究。[①]

（一）指标

旅游业依存度。旅游业依存度是衡量旅游业收入在地区生产总值比重的指标。其计算公式为：

$$DR_t = \frac{L_t}{GDP_t} \times 100\%\qquad(5-1)$$

式（5-1）中，DR_t 为旅游业依存度；L_t 为当年旅游业增加值[②]。

旅游业贡献率。旅游业贡献率测量旅游收入的增长对地区经济增长的贡献。其计算公式为：

$$GR_t = \frac{L_t - L_{t-1}}{GDP_t - GDP_{t-1}} \times 100\%\qquad(5-2)$$

式（5-2）中，GR_t 为旅游业贡献率，L_{t-1} 为上一年度旅游业增加值，GDP_{t-1} 为上一年度地区生产总值。

旅游业拉动率。旅游业拉动率测量旅游业对国民经济相关产业的带动作用。其计算公式为：

$$LR_t = YR_t \times GR_t \times 100\%\qquad(5-3)$$

式（5-3）中，LR_t 为旅游业拉动率；YR_t 为当年地区生产总值增长率。

（二）三个指标及其变化

如图 5-1 所示，旅游业依存度从 2006 年的 6.1% 逐步提高到 2023 年的 9.2%，表明旅游业在海南经济中的地位逐渐提高。旅游业贡献率基本呈增长态势，其间的波动表明旅游产业发展受其他因素的影响较

---

① 袁智慧，李佳宾：《海南省旅游业发展对经济增长的拉动效应研究》，《中国农业资源与区划》2018 年第 8 期，第 230~235 页。

② 在袁智慧、李佳宾的研究中，L_t 采用旅游总收入，旅游总收入包含中间价值，不是增加值；而 GDP 为增加值，二者进行直接比较计算不合理；故本研究 L_t 采用旅游业增加值。

大。与旅游业贡献率一致的是，旅游业拉动率水平也在逐步提高，其数值的波动也反映了旅游业发展受其他因素的影响较大。旅游业贡献率和旅游业拉动率的剧烈波动反映了旅游产业在经济发展中呈现的不稳定性。

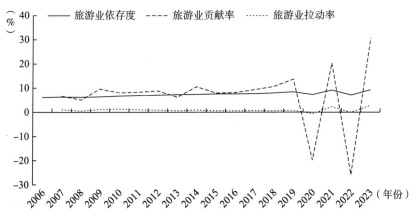

图 5-1　2006~2023 年旅游业依存度、旅游业贡献率和旅游业拉动率变化情况

二　海南旅游产业与海南经济发展的重要行业的关联

通过格兰杰因果检验，研究发现旅游产业与经济发展之间存在长期的协整关系，其中旅游收入的变动对 GDP 有显著的正向影响。

（一）模型

格兰杰因果检验是确定一个变量的滞后项是否包含在另一个变量的函数之中，其基本思想是：对于变量 X 和 Y，如果 X 的变化引起了 Y 的变化，X 的变化应当发生在 Y 的变化之前。也就是说，对于变量 X 和 Y，格兰杰因果检验要求估计如下回归方程：

$$Y_t = \alpha_0 + \sum_{i=1}^{m} \alpha_i Y_{t-i} + \sum_{i=1}^{m} \beta_i X_{t-i} + \mu_{1t} \tag{5-4}$$

$$X_t = \lambda_0 + \sum_{i=1}^{m} \lambda_i Y_{t-i} + \sum_{i=1}^{m} \delta_i X_{t-i} + \mu_{2t} \tag{5-5}$$

也就是说，如果认为"X 是引起 Y 变化的格兰杰原因"，应当满足如下两个条件。

（1）变量 X 应该有助于预测变量 Y，即在基于变量 Y 历史值的回归模型中，添加变量 X 的过去值作为独立的变量，能显著提升回归模型的解释能力。

（2）变量 Y 不应该有助于预测变量 X，因为如果变量 X 有助于预测变量 Y，变量 Y 也有助于预测变量 X，则很可能存在一个或几个其他的变量，它们既是引起 X 变化的原因，也是引起 Y 变化的原因。

检验这两个条件能够成立，需要检验一个变量对预测另一个变量没有帮助的原假设。为了验证"变量 X 不是引起变量 Y 变化的格兰杰原因"的原假设，需要对以下两个回归模型进行估计：

无约束条件的回归方程：

$$Y_t = \alpha_0 + \sum_{i=1}^{m} \alpha_i Y_{t-i} + \sum_{i=1}^{m} \beta_i X_{t-i} + \mu_t \tag{5-6}$$

有约束条件的回归方程：

$$Y_t = \alpha_0 + \sum_{i=1}^{m} \alpha_i Y_{t-i} + \varepsilon_t \tag{5-7}$$

式（5-6）的残差平方和用 RSS_U 表示，式（5-7）的残差平方和用 RSS_R 表示。以 RSS_U 和 RSS_R 构造 F 统计量为：

$$F = \frac{(RSS_R - RSS_U)/m}{RSS_U/(n - (k + 1))} \sim F(m, n - (k + 1)) \tag{5-8}$$

式（5-8）中，n 是样本观察值的个数；k 是无约束条件回归方程中解释变量的个数；m 是参数限制个数，即变量 X 的滞后系数。

检验联合假设

$$H_0 : \beta_1 = \beta_2 = \cdots = \beta_m = 0$$

$$H_1 : \beta_i \text{ 中至少有一个不为零，} i = 1, 2, \cdots, m$$

是否成立。F 统计量服从 $F(m, n - (k + 1))$ 分布。如果成立，拒绝"变量 X 不是引起变量 Y 变化的格兰杰原因"的原假设。

在给定显著性水平 α 下，如果 F 统计量大于临界值 $F_\alpha(m, n-(k+1))$，则拒绝原假设 H_0，得到 X 是引起 Y 变化的格兰杰原因，否则，接受原假设 H_0，得到 X 不是引起 Y 变化的格兰杰原因。

那么，变量 X 与变量 Y 之间存在以下三种关系：

（1）变量 X 与变量 Y 之间互不影响，没有因果关系；

（2）变量 X 与变量 Y 之间仅存在单向因果关系，变量 X 可能是变量 Y 变化的格兰杰原因，或者变量 Y 可能是变量 X 变化的格兰杰原因；

（3）变量 X 与变量 Y 之间存在双向因果关系，变量 X 是引起变量 Y 变化的格兰杰原因，变量 Y 也是引起变量 X 变化的格兰杰原因。

当然，格兰杰因果检验只能在平稳变量之间或者存在协整关系的非平稳变量之间；还应当注意的是，格兰杰因果检验对应滞后期的长度较为敏感，不同的滞后期长度可能会引起完全不同的检验结果，其滞后期的选择方法如下。

（1）由于格兰杰因果检验的检验式是 VAR 模型的一个方程，因此，VAR 模型的最佳滞后期即格兰杰因果检验的最佳滞后期。

（2）任意选择滞后期，以检验结果的显著水平来判断滞后期。

（二）变量与数据

因为缺乏足够多的旅游业增加值的数据，我们以旅游业总收入为解释变量，分析旅游业总收入与农业，工业，建筑业，批发和零售业，交通运输、仓储和邮政业，住宿和餐饮业，金融业，房地产业的增加值之间的关系，考察旅游业对于其他行业的影响；分析旅游业总收入与税收收入之间的关系，考察与财政收入的影响；分析旅游业总收入与从业人员数之间的关系和与城镇和农村居民人均可支配收入之间的关系，考察对就业和人民生活的影响。根据《海南统计年鉴》提供的 1998～2023 年的数据（见表 5-1、表 5-2）进行分析。

表 5-1　1998~2023 年旅游业总收入与主要经济行业增加值

单位：亿元

年份	旅游业总收入	农业增加值	工业增加值	建筑业增加值
1998	66.96	156.05	59.09	32.32
1999	72.46	172.62	63.37	32.65
2000	78.56	192	70.46	33.51
2001	87.89	196.79	97.86	35.98
2002	95.38	222.89	111.42	37.46
2003	93.55	244.29	132.26	43.56
2004	111.01	275.76	147.56	52.04
2005	125.05	293.75	168.92	60.91
2006	141.43	317.48	221.31	70.31
2007	171.37	360.14	268.37	85.89
2008	192.33	433.93	303.89	109.66
2009	211.72	458.72	291.89	141.37
2010	257.63	534.43	347.56	182.1
2011	324.04	651.36	440.08	232.45
2012	379.12	700.95	478.32	270.1
2013	428.56	742.7	441.64	310.37
2014	506.53	814.74	485.94	341.79
2015	572.49	859.25	492.89	390.41
2016	672.1	951.63	482.5	422.5
2017	811.99	993.25	528.28	470.01
2018	950.16	1020.23	582.04	475.2
2019	1057.8	1117.99	597.86	490.22
2020	872.86	1178.39	557.42	518.66
2021	1384.34	1300.67	693.10	552.89
2022	1054.76	1472.42	755.9	558.18
2023	1813.09	1568.47	861.42	592.7

年份	批发和零售业增加值	交通运输、仓储和邮政业增加值	住宿和餐饮业增加值	金融业增加值	房地产业增加值
1998	52.62	43.76	12.29	8.78	12.91
1999	55.15	46.94	13.23	8.98	14.62

续表

年份	批发和零售业增加值	交通运输、仓储和邮政业增加值	住宿和餐饮业增加值	金融业增加值	房地产业增加值
2000	59.76	52.45	14.05	9.27	16.62
2001	62.97	57.13	14.81	9.75	18.81
2002	66.85	61.97	16.8	10.08	21.45
2003	72.79	66.54	16.85	10.68	25.14
2004	82.52	57.63	23.39	11.56	29.64
2005	88.27	59.87	27.4	13.16	36.2
2006	101.19	66.38	34.1	16.37	41.45
2007	117.53	76.83	43.63	31.19	63.19
2008	136.39	82.6	55.02	47.33	87.6
2009	167.41	85.21	63.27	60.78	104.57
2010	213.75	96.42	79.2	90.26	178.68
2011	242.05	109.38	94.1	111.98	222.15
2012	266.01	124.61	105.98	141.96	258.78
2013	339.45	135.41	148.56	192.83	287.77
2014	386.94	150.04	167.42	238.46	294.86
2015	425.75	176.92	183.14	255.82	309.69
2016	442.8	188.89	210.96	296.9	359.95
2017	466.72	213.94	221.44	328.94	444.9
2018	464.17	224.22	252.44	380.1	481.79
2019	546.58	255.95	267.15	386.21	510.3
2020	669.8	257.64	220.99	395.89	525.5
2021	956.15	346.42	263.71	421.35	603.52
2022	971.79	390.4	223.58	441.58	583.88
2023	1070.32	502.22	265.95	453.27	670.65

表5-2 1998~2023年海南省从业人员数、城镇和农村居民人均可支配收入和税收收入

年份	从业人员数（万人）	城镇居民人均可支配收入（元）	农村居民人均可支配收入（元）	税收收入（亿元）
1998	326.7	4845	2026	27.24
1999	326.77	5320	2104	29.17

135

续表

年份	从业人员数 （万人）	城镇居民人均可支配 收入（元）	农村居民人均可支配 收入（元）	税收收入 （亿元）
2000	335.17	5332	2208	31.51
2001	338.39	5800	2262	35.09
2002	349.89	6764	2472	36.38
2003	360.34	7185	2651	40.54
2004	367.74	7643	2898	44.67
2005	379.55	8013	3102	54.51
2006	389.03	9250	3376	65.75
2007	397.46	10807	3949	87.99
2008	408.36	12367	4593	120.54
2009	424.56	13465	4984	151.24
2010	457.65	15229	5566	237.1
2011	465.21	17954	6801	295.69
2012	475.9	20446	7816	350.8
2013	490.56	22411	8802	411.63
2014	504.1	24487	9913	480.55
2015	510.76	26356	19858	514.31
2016	513.14	28453	11843	504.96
2017	525.87	30817	12902	543.56
2018	535.5	33349	13989	628.68
2019	536.11	36017	15113	653.25
2020	540.97	37097	16279	559.82
2021	544.22	40213	18076	742.93
2022	531.46	40118	19117	609.33
2023	552.35	42661	20708	667.37

资料来源：根据相应年份《海南统计年鉴》数据整理而得。

（三）结果与检验

采用 Eviews 软件对表 5-1、表 5-2 的数据进行运算，如表 5-3 所示。

表 5-3　变量名称与含义

变量名称	变量含义
year	年度
tourincome	旅游业总收入（亿元）
agriculture	农业（亿元）
industry	工业（亿元）
construction	建筑业（亿元）
sale	批发和零售业（亿元）
transport	交通运输、仓储和邮政业（亿元）
accomcatering	住宿和餐饮业（亿元）
finance	金融业（亿元）
realestate	房地产业（亿元）
labor	从业人员数（万人）
cityyield	城镇居民人均可支配收入（元）
ruralyield	农村居民人均可支配收入（元）
tax	税收收入（亿元）

行业数据运算的相关系数如表 5-4 所示。

表 5-4 行业数据运算的相关系数

变量	tourincome	agriculture	industry	construction	sale	transportt	accomcatering	finance	realestate	labor	cityyield	ruralyield	tax
tourincome	1.000												
agriculture	0.954	1.000											
industry	0.926	0.982	1.000										
construction	0.934	0.986	0.963	1.000									
sale	0.965	0.971	0.934	0.936	1.000								
transport	0.979	0.958	0.923	0.914	0.986	1.000							
accomcatering	0.926	0.961	0.941	0.989	0.899	0.882	1.000						
finance	0.946	0.981	0.943	0.993	0.944	0.928	0.986	1.000					
realestate	0.962	0.991	0.966	0.992	0.959	0.946	0.977	0.991	1.000				
labor	0.856	0.946	0.963	0.965	0.855	0.824	0.960	0.935	0.943	1.000			
cityyield	0.949	0.993	0.972	0.996	0.952	0.933	0.983	0.993	0.996	0.959	1.000		
ruralyield	0.917	0.958	0.933	0.962	0.933	0.916	0.944	0.958	0.950	0.915	0.961	1.000	
tax	0.916	0.964	0.953	0.989	0.905	0.877	0.992	0.980	0.977	0.970	0.983	0.949	1.000

平稳性检验（ADF/PP 检验）结果，如表 5-5 所示。

表 5-5　平稳性检验（ADF/PP 检验）结果

变量名称	变量含义	原始序列	一阶差分序列	备注
tourincome	旅游业总收入（亿元）	0.955	-12.162***	ADF 检验
agriculture	农业（亿元）	4.647	-2.699*	ADF 检验
industry	工业（亿元）	1.285	-4.356***	ADF 检验
construction	建筑业（亿元）	2.113	-2.492+	ADF 检验
sale	批发和零售业（亿元）	2.912	-3.404**	ADF 检验
transport	交通运输、仓储和邮政业（亿元）	5.958	-1.549	ADF 检验
		4.580	-3.957***	PP 检验
accomcatering	住宿和餐饮业（亿元）	0.074	-7.305***	ADF 检验
finance	金融业（亿元）	2.113	-2.481+	ADF 检验
realestate	房地产业（亿元）	2.232	-4.141***	ADF 检验
labor	从业人员数（万人）	-0.700	-4.342***	ADF 检验
cityyield	城镇居民人均可支配收入（元）	3.024	-3.360**	ADF 检验
ruralyield	农村居民人均可支配收入（元）	-0.373	-7.659***	ADF 检验
tax	税收收入（亿元）	-0.178	-7.917***	ADF 检验

注：***、**、*、+，分别代表 1%、5%、10% 和 15% 的显著性水平。

以上 13 个变量的平稳性检验表明，原始序列 t 检验结果皆不能拒绝单位根假设，原始序列皆不平稳。所有变量原始序列一阶差分后平稳且同阶，可进行格兰杰因果检验（见表 5-6）。

表 5-6　格兰杰因果检验结果

Y	X	chi2	df	Prob>chi2		结论
tourincome	agriculture	10.862	2	0.0040	拒绝	X 是 Y 格兰杰原因
agriculture	tourincome	1.796	2	0.4070	接受	不是格兰杰原因
tourincome	industry	3.6929	2	0.1580	接受	不是格兰杰原因
industry	tourincome	5.1622	2	0.0760	拒绝	X 是 Y 格兰杰原因
tourincome	construction	7.8114	2	0.0200	拒绝	X 是 Y 格兰杰原因
construction	tourincome	10.108	2	0.0060	拒绝	X 是 Y 格兰杰原因

Y	X	chi2	df	Prob>chi2		结论
tourincome	*sale*	14.802	2	0.0010	拒绝	X 是 Y 格兰杰原因
sale	*tourincome*	100.57	2	0.0000	拒绝	X 是 Y 格兰杰原因
tourincome	*transport*	27.806	2	0.0000	拒绝	X 是 Y 格兰杰原因
transport	*tourincome*	22.735	2	0.0000	拒绝	X 是 Y 格兰杰原因
tourincome	*accomcatering*	1.0067	2	0.6040	接受	不是格兰杰原因
accomcatering	*tourincome*	14.632	2	0.0010	拒绝	X 是 Y 格兰杰原因
tourincome	*finance*	10.728	2	0.0050	拒绝	X 是 Y 格兰杰原因
finance	*tourincome*	2.147	2	0.3420	接受	不是格兰杰原因
tourincome	*realestate*	7.6775	2	0.0220	拒绝	X 是 Y 格兰杰原因
realestate	*tourincome*	25.366	2	0.0000	拒绝	X 是 Y 格兰杰原因
tourincome	*labor*	3.7162	2	0.1560	拒绝	X 是 Y 格兰杰原因
labor	*tourincome*	17.761	2	0.0000	拒绝	X 是 Y 格兰杰原因
tourincome	*cityyield*	10.806	2	0.0050	拒绝	X 是 Y 格兰杰原因
cityyield	*tourincome*	49.822	2	0.0000	拒绝	X 是 Y 格兰杰原因
tourincome	*ruralyield*	5.7	2	0.0580	拒绝	X 是 Y 格兰杰原因
ruralyield	*tourincome*	4.9987	2	0.0820	拒绝	X 是 Y 格兰杰原因
tourincome	*tax*	2.3655	2	0.3060	接受	不是格兰杰原因
tax	*tourincome*	14.662	2	0.0010	拒绝	X 是 Y 格兰杰原因

（四）对结果的分析

根据格兰杰因果检验结果，我们可以了解到如下内容。

（1）旅游发展不是农业发展的格兰杰原因，而农业发展被证实为旅游业发展的格兰杰原因。这意味着农业的进步有力地推动并支撑了旅游业的发展，而相比之下，旅游发展对于农业发展的反哺作用并不明显（$p=0.4070$），因此，农旅融合发展的道路仍需我们大力探索与推进。

（2）旅游发展是工业发展的格兰杰原因，而工业发展不是旅游发展的格兰杰原因。这说明，旅游业的蓬勃发展有力地推动了工业的发展，而工业的发展尚未支撑起旅游业的繁荣。因此，充分发挥工业的支撑潜能，对海南经济的全面发展至关重要。

（3）旅游业发展与建筑业发展互为格兰杰原因，表明旅游业的发展带动建筑业的发展，建筑业的发展支撑了旅游业的发展。

（4）旅游业发展与批发和零售业发展互为格兰杰原因，表明旅游业的发展带动了批发和零售业的发展，批发和零售业的发展满足和支持了旅游业的发展。

（5）旅游业发展与交通运输、仓储和邮政业互为格兰杰原因，表明旅游业的发展促进了交通运输、仓储和邮政业的发展，交通运输、仓储和邮政业的发展支撑了旅游业的发展。

（6）旅游发展是住宿和餐饮业发展的格兰杰原因，而住宿和餐饮业发展不是旅游业发展的格兰杰原因。这说明，旅游的发展促进了住宿餐饮业的发展，然而，住宿餐饮业对旅游业发展的支撑作用尚不显著（$p = 0.6040$）。

（7）旅游发展不是金融发展的格兰杰原因，而金融发展是旅游业发展的格兰杰原因。这说明，金融业的发展促进了旅游业的发展，相比之下，旅游业对金融业的带动作用并不明显（$p = 0.3420$）。

（8）旅游业发展与房地产业发展互为格兰杰原因，表明旅游业与房地产业存在相互促进关系，其中，旅游地产扮演了尤为重要的角色。

（9）旅游业发展与从业人员数之间互为格兰杰原因，表明旅游业发展促进了就业，就业水平的提升也促进了旅游业发展。

（10）旅游业发展与城镇居民人均可支配收入的提高互为格兰杰原因，表明旅游业的发展促进了城镇居民人均可支配收入的提高，城镇居民人均可支配收入的提高也促进了旅游业的发展。

（11）旅游业发展与农村居民人均可支配收入的提高互为格兰杰原因，表明旅游业的发展促进了农村居民人均可支配收入的提高，农村居民人均可支配收入的提高也促进了旅游业的发展。

（12）旅游发展是税收收入增长的格兰杰原因，但税收收入增长又是旅游业发展的格兰杰原因。这表明，旅游的发展促进了税收收入的增长，但税收收入的增长对于旅游业的发展作用不明显（$p = 0.3060$）。

根据前述格兰杰相关原因分析，旅游产业化水平的提升过程是一个旅游产业与其他产业不断融合发展的过程。在旅游业发展的初期，与旅游相关的产业仅仅是满足游客旅游需求的"六要素"的相关企业，与其他行业的关联较少。随着经济社会文化的发展，人们的生产方式与生活方式发生变化，旅游需求的种类不断增加、品质不断提高，单单靠传统意义上的旅游业不能满足游客的需要，需要通过促进"旅游+""+旅游"等多样化的途径，促进旅游产业与其他产业的融合发展，实现旅游产业与其他产业的互利互惠；尤其应当加强旅游业与农业、工业、金融业的融合发展。

第二节　海南旅游产业集群发展

产业的集聚是现代产业发展的一个重要标志，商品经济、市场经济的发展一开始就具有相对集聚的特点。英国工业革命早期如曼彻斯特和格拉斯哥的纺纱厂和棉织厂、萨福克郡萨德伯里和拉文哈姆的哔叽和毛缎子生产、约克郡韦克菲尔德和哈利法克斯的粗哔叽和夏龙绒生产等①，都表明了这种集中性的特点。尽管旅游业对资源的依赖性决定了不能像工业发展那样集聚，但旅游活动的产品集中性要求和时间约束又决定了旅游产业应当相对集中，以满足旅游者的需求。

一　旅游产业集群特征

产业集群是一组在地理上靠近的相互联系的公司和关联的机构，它们同处或相关于一个特定的产业领域，由于具有共性和互补性而联系在一起。旅游产业集群则是指大量与旅游密切相关的企业以及相关支撑机构在空间上的集聚，并形成强劲、持续的竞争优势②。旅游产业集群的

---

① 〔法〕保尔·芒图：《十八世纪产业革命——英国近代大工业初期的概况》，杨人楩、陈希秦、吴绪译，商务印书馆，1983，第254页。
② 王全在、游喜喜、肇丹丹：《旅游产业集群发展研究》，中国财政经济出版社，2013，第91页。

特征主要表现在如下几个方面。

（一）对旅游资源的强依赖性

旅游目的地是旅游企业集聚的区域，形成旅游目的地的基础是旅游资源，无论是自然资源、人文资源，如果没有足够规模的旅游资源，就不能形成重要的旅游目的地。旅游目的地的特定产业集聚同样受到资源条件的影响，例如，海湾地区往往形成海景酒店集群，山区则倾向于发展生态酒店集群，而海滨地带则容易聚集海洋旅游相关企业。桂林、武夷山、三亚正是因为旅游资源丰富，形成了各具特色的旅游企业集群，成为专业化旅游城市。截至 2023 年底，海南省有 5A 级旅游景区 6 个，其中 3 个集中在三亚，其余 3 个也集中在三亚周边的保亭（2 个）和陵水（1 个）；海南省五星级酒店 19 家，其中 14 家集中在三亚[①]。可见，三亚旅游产业的集聚程度明显高于海南其他市（县）。

（二）企业组织或部门在空间上的集聚性

地域集聚性是产业集聚的空间特征。我们经常在城镇看到的"美食一条街""家具城""建材城""汽车城"等，就是这种集聚性的表现。旅游企业也存在这种同类竞争性企业以及不同类互补性企业在空间上的集聚。以三亚亚龙湾为例，这里聚集了星华华邑度假酒店、金棕榈度假酒店、亚龙湾迎宾馆、天域度假酒店、五号度假别墅酒店、红树林度假酒店、维景国际别墅度假酒店、美高梅度假酒店、喜来登度假酒店、万豪度假酒店、铂尔曼度假酒店、丽思卡尔顿酒店、亚龙瑞吉度假酒店、山海美墅泳池别墅、太阳湾柏悦酒店、亚龙湾人间天堂－鸟巢度假村等高星级酒店及附近博后村等民宿，亚龙湾国家旅游度假区、三亚珊瑚礁国家级自然保护区、亚龙湾热带天堂森林公园、亚龙湾国际玫瑰谷等旅游景区，亚龙湾壹号小镇·奥特莱斯、亚龙湾亚泰商业中心、亚龙湾百花风情街等购物场所；同时，拥有多家餐饮企业；另外，高星级酒店提供购物、休闲娱乐、旅行社和交通等服务。亚龙湾的旅游企业几乎可以

---

① 《海南统计年鉴（2024）》。

满足全部种类的旅游服务需求,为游客提供了极大的便利。

(三) 集聚区内企业的关联性显著

集聚区内关联企业的形成主要有两种途径:一种是在政府进行旅游规划时即已纳入布局,企业按照既定的时间表有序入驻;另一种则是随着主要企业的落户,根据市场需求,自动进入的企业或个体工商户。随着集聚区的发展,旅游配套设施设备也逐步完善。亚龙湾的发展变化应该是一个典型,区域内企业数量逐渐增多,业态逐渐增加,产品逐渐丰富,同类产品企业间的竞争性逐步增强,不同产品企业间的互补性也逐步增强。

(四) 集聚区的创新性

旅游产业的集聚导致竞争,竞争迫使企业提高产品和服务的品质,促进企业的创新发展。旅游企业集群的创新不仅包括技术创新、管理创新、组织创新等思想意识上的革新,也包括产品设计、生产制造、经营管理和市场营销等实践环节的创新。这些方面的创新促进了集聚区企业的管理能力的提升和服务品质的提升,推动了企业发展质量的提升。同时,企业集聚形成了人才聚集和服务供应商的聚集,降低了企业使用专业性、辅助性服务和信用机制的交易成本;专业人才的流动和知识外溢也促进了企业的创新。

二 旅游产业集群的必要性和可能性

(一) 旅游产业集群发展的必要性

旅游产业集群发展的必要性主要表现在以下几个方面。第一,旅游需求的多样化发展要求旅游业提供多样化、多层次的产品,单个旅游企业只能满足游客的单项要求,如果企业之间空间距离较大,游客所需要付出的交通成本和时间成本都较大,这势必增加旅游的费用,而旅游需求又富于价格弹性,这必然抑制旅游需求的增长;旅游产业集群发展可以在相对较小的空间范围满足游客的多样化需求,促进旅游需求的增长。第二,产业集聚可促成信息共享、专业化分工及输入资源共享,有力推动产业发展；能削减交易成本，提升生产效率，加速信息传播和创新，增强经济竞争力，促进产业链、价值链及创新链的建构；带动其他相关产业的发展，促进区域经济水平的提高[①]。第三，符合产业结构演进的规律性要求，体现了旅游产业从低级向高级演化的方向性要求。第四，旅游集群的发展增强了企业的抗风险能力和创新能力，有利于企业实现可持续发展。第五，有助于形成旅游产业集群自身的特点和品牌，增强产业集群的吸引力、影响力，提升品牌价值。

（二）旅游产业集群发展的可能性

旅游产业集群发展的可能性主要表现在以下几个方面。第一，对产业发展以及旅游产业发展规律的认识提高到了新的水平。旅游产业结构的完善化，要求从国家层面到区域层面都需设计体系化的产品和服务，就连单个景区也需要具备完善的产业结构来提供全面的旅游产品和服务。认识水平的提升，为旅游产业的发展提供了思想基础。第二，与思想认识的提升相关，政府不仅在旅游发展政策上鼓励旅游产业集群的发展，并在土地、规划、财政、税收、金融等多方面为其提供支持。第三，旅游市场机制包括竞争机制、投资机制、价格机制等方面逐渐转变为鼓励旅游企业的集群发展。

三　海南旅游产业的集群形态

海南旅游企业的集群形态主要有三种类型，即以酒店群为主的集群、以景区为主的集群和旅游综合体。

（一）以酒店群为主的集群

以酒店群为主的集群是以酒店或酒店群为主体，其余企业与酒店进行配套布局的集群。三亚的亚龙湾、海棠湾、三亚湾、大东海是典型的以酒店群为主的集群形态。前文已对亚龙湾的企业集聚状况进行阐述，这里以海棠湾为例，说明这种形态的旅游产业集聚。这里汇集了众多知

---

① 陈一静：《西部地区旅游产业集聚与经济增长的相关性分析》，《西南大学学报》（自然科学版）2024 年第 7 期，第 94~102 页。

名酒店，包括三亚海棠湾君悦酒店、三亚海棠湾红树林度假酒店、三亚海棠湾万达希尔顿逸林度假酒店、三亚理文索菲特度假酒店、三亚海棠湾开维费尔蒙酒店、三亚保利瑰丽酒店、三亚海棠湾阳光壹酒店、三亚海棠湾 9 号度假酒店、三亚海棠湾康莱德酒店、三亚万丽度假酒店、三亚海棠湾民生威斯汀度假酒店、三亚海棠湾万达嘉华度假酒店、三亚嘉佩乐度假酒店、三亚海棠湾天房洲际度假酒店、三亚艾迪逊酒店、三亚海棠湾仁恒皇冠假日度假酒店、三亚·亚特兰蒂斯、三亚海棠湾 JW 万豪度假酒店、三亚海棠湾喜来登度假酒店等；拥有景区包括蜈支洲岛、三亚海昌梦幻海洋不夜城、亚特兰蒂斯水世界；购物中心、餐饮企业、地方特色美食、海鲜餐厅、大排档甚多；海棠湾的两个独特亮点包括被誉为"中国最大的单体免税城"的三亚海棠湾免税购物城和中国人民解放军总医院海南分院。该医院拥有先进的医疗设施和多个重点专科。尽管除酒店之外的企业、单位并非只服务于酒店住客，但酒店住客是这些企业、单位消费者中的重要群体。

（二）以景区为主的集群

以景区为主的集群是以景区为核心，其他企业配套形成的集群。一般海岛型景区大体是这类集群，如西岛、蜈支洲岛、分界洲岛等。大型景区也会成为这类集群的典型，保亭七仙岭温泉国家森林公园则是较为典型的以景区为主的集群。七仙岭温泉国家森林公园是一个融合热带雨林、温泉和自然美景的景区；君澜温泉度假酒店位于七仙岭山脚下，拥有硅酸重碳酸钠型野溪温泉，提供热带黎苗风情的住宿体验；附近还提供地方特色餐饮等服务。

（三）旅游综合体

旅游综合体是根据市场需求，设置独立区域并布局多类旅游企业而形成的企业集群，各地设立的旅游小镇也可以归为这一类。海口观澜湖作为旅游综合体的典范，以其全球最大的高尔夫公众球场为核心，巧妙融合了免税商业的繁华、文化娱乐的多元、教育资源的丰富以及高端居住的舒适，共同构筑了一个生态旅游休闲城市综合体。观澜湖美食娱乐街区、国际精品街区、运动奥莱街区，周边建成的项目还有狂欢水世界主题公园、海南华侨中学观澜湖学校、万丽酒店、丽思卡尔顿酒店和硬石酒店、上东区、中央公园区等高尚住宅区，建设中的还有海南大学观澜湖校区。观澜湖新城按照业态规划分布：娱乐业态 15 家，占地面积约为 3.5 万平方米，约占总面积的 27%；餐饮业态 28 家，商业面积约为 2.2 万平方米，占总面积的 17%；零售业态 395 家，商业面积约为 7.3 万平方米，占总面积的 56%①。多元化的业态组合为顾客带来多元化、国际化的娱乐、餐饮及购物体验，未来还将逐步拓展至游学旅游等新兴业态。

万宁首创奥特莱斯也是一个较为典型的旅游综合体。万宁首创奥特莱斯世界名牌折扣店项目包括"奥特莱斯世界名牌折扣店"、特色民俗商业街、星级酒店、酒吧街、儿童游乐场、酒店式公寓、高端养生度假社区等，建设目标是建成之后成为多功能复合一体的城市新中心。该项目周边还有海南兴隆侨乡国家森林公园、兴隆热带花园、兴隆热带植物园、石梅湾、兴隆南国热带植物园、海南天涯热带雨林博物馆、神州半岛、兴隆三角梅公园、南燕湾、日月湾等景区。该项目规划的意图是以"奥特莱斯"折扣购物、周边景区为吸引物，来吸引大量游客购物。

四　海南旅游产业集群发展中的问题及其解决

（一）旅游投资风险与效益

尽管受 2020~2022 年旅游发展波动的影响，旅游长期投资的信心受一定的影响，但旅游需求随着社会发展、经济增长、文化发展水平的持续提高而不断增长是一个不争的事实。同时，各国、各地方旅游的发展增强了国家之间、地区之间的竞争；总体需求的增长必然要求投资的增长，问题的关键在于地方的投资效益问题。对于海南来说，旅游受公共卫生事件等影响相对较小，其旅游需求的增长毋庸置疑，如果投资环

---

① 资料来源：海口观澜湖新城网站，https://mhcentreville.com/haikou/zh-cn/aboutus。

境能够进一步优化，旅游投资的增长及其效益都会呈现较优的结果。对于旅游项目的建设投资来说，项目选址是一个十分关键的问题，海南也存在单体项目投资失败的案例。在一定范围内，弥补旅游需求急缺的投资是最高效的投资，这种投资项目的建成，在一定时间和一定范围内能够形成垄断地位，可以获得较高效益。如果只是进入特定行业参与竞争，在旅游企业集聚区域投资是一个较为稳妥的决策，在旅游集聚区的投资最关键在于对市场需求的分析以及在此基础上的投资方向选择；选择补充旅游企业集聚区的产品短板，显然可以获得更高的收益水平。

（二）企业间管理水平和服务水平差异

同一企业集聚区内，不同类型的企业管理水平可能存在较大的差异。这可能导致游客在区域内的旅游体验存在差异，进而影响其评价。对于像海棠湾、亚龙湾、三亚湾、大东海这种以高星级品牌酒店为主的集聚区的服务水平无疑是最高的，其他类型的企业的服务质量就完全取决于企业的管理水平和人员素质，尤其出现个别企业的管理和服务水平低下时，会极大地影响集聚区的整体形象甚至整个城市的形象。因此，首先，建立集聚区内服务质量的评价标准和体系，并进行定期督查和检查，以确保产品和服务质量。其次，需建立集聚区内企业员工培训机制，员工需通过符合服务水平标准的考核后方可上岗。

（三）政府主导产业布局和市场竞争发展布局的效率差异

许多旅游企业集聚区都由政府主管部门规划布局，这往往受规划思想的影响，其实际效果需要市场检验。尽管万宁首创奥特莱斯世界名牌折扣店项目在某些时期面临挑战，但通过会员活动和运营迭代转型，销售额实现了显著增长。应该说，世界名牌折扣店的思路已经被"离岛免税"替代，且"离岛免税"店布局三亚、海口多个点，仅仅靠折扣不再具有足够的吸引力，同时万宁的游客群体及过路的游客群体不足以支撑该项目获得高效益。在集聚区内，如果企业的布局通过市场选择来确定，此时，项目投资是基于对市场的充分调查论证，选址也符合游客更习惯的优化线路，其效益会高出许多。一个行之有效的办法或许是，政府只开展区域规划工作，而不进行功能和企业项目的选址安排，这些安排由企业自行选择，在获得政府批准后再进行项目建设。从投资风险分担的方面来说，可以采用政府和社会资本合作（Public-Private Partnership，PPP）项目投资方式进行集聚区相对较大项目的建设。

第六章 海南旅游产业区域效应

经济是社会文化发展的基础，作为已经成为重要经济部门的旅游产业的发展，必然对整个政治、经济、文化、社会和生态环境产生重要的影响。旅游产业区域效应的分析对海南尤为关键。自海南建省以来，旅游即被赋予重要地位并寄予厚望，能否真正履行其使命，需要对旅游进行深入的剖析。通过这些分析，厘清区域经济、产业经济、旅游产业经济发展的思路，选择合宜的产业发展战略和政策，对于促进海南的高质量发展具有决定性意义。

第一节 旅游产业区域效应的概念与特征

与其他产业不同的是，旅游是具有不同文化的人口流动产生的活动，旅游活动不仅是经济活动，也是文化活动，其影响力超过一般的产业，因而区域效应更加明显。

一 旅游产业区域效应的概念界定

旅游产业的区域效应是指旅游产业在发展旅游的区域，生产经营活动给区域经济状况、空间布局、社会文化、生态环境等方面带来的影响。旅游产业的区域效应是一个双向或者多向的互动过程，也就是说，旅游产业的发展必然引起其他方面的变化；同时，区域的其他因素对旅游产业构成影响。

一般来说，除本地人的一日游活动外，旅游活动是外来人口进入目的地所从事的活动。对于游客而言，前往目的地旅游是对自然与文化的一种深度体验，需要消耗必要的物资并获取相关服务，进而引发与目的地间的物资交换、文化交流并改变空间结构、影响生态环境。游客在游览、体验、消费、交流过程中感受目的地文化、环境等；旅游目的地则需提供满足游客需要的物资与服务、进行空间结构适应性调整、缓解游客进入可能带来的环境压力。在此过程中，旅游目的地通过提供物资与服务、调整空间结构、治理生态环境等，获得经济收入、吸收外来文化、引进新技术等。旅游活动对旅游目的地产生多方面的影响。

二 旅游产业区域效应的基本特征

（一）旅游与区域其他因素的互动关系

旅游产业的区域效应主要表现为与经济、社会文化、生态环境和空间的密切关系，随着旅游产业的发展，其影响作用可能还会进一步深化。

从旅游与经济的关系来说，旅游作为产业的发展，丰富了区域产业类型，扩展了区域范畴，同时对区域就业和人民生活产生了显著影响；而区域经济发展水平的提升也为旅游业的发展产生促进作用，例如，客源的增加、旅游吸引力的提升、基础设施建设的不断完善以及管理和技术外溢效应带来的旅游业管理水平提高等。

从旅游与社会文化的关系来说，旅游作为一种文化活动，游客进入旅游目的地是外来文化进入目的地的重要渠道。本地文化与外来文化在"文化冲突"中逐步形成"文化交融"，进而促使目的地发生"文化变迁"，促进目的地文化的多样性；同时，目的地文化在"文化冲突"与"文化交融"的过程中，目的地独特文化通过与游客的交流和旅游过程实现传播，弘扬并发展了目的地文化。

从旅游与生态环境的关系来说，旅游所需要的现代生活方式和使用生活用品，无疑会对目的地的环境构成环境压力，影响目的地的环境，有数据显示，旅游并不因为"无烟"而环保，其对于目的地的污染威胁甚至超过其他行业的平均水平。但是，拥有良好的生态环境是发展旅游的前提条件，要发展旅游必须保持良好的生态环境，这就迫使政府和旅游企业切实做好生态环境保护工作，加大生态环境保护的投资力度，保障目的地的生态环境质量达到较高的水平。

从旅游与区域空间的关系来说，旅游的发展必然运用目的地的旅游资源，从而对于资源的运用及其水平产生影响，旅游企业的空间集聚对城市布局产生重要影响，而旅游企业的发展在满足旅游需求、提升旅游通达性方面，也促使目的地的交通结构发生了显著变化，等等。

（二）旅游产业区域效应的基本特征[①]

（1）整体性。旅游产业的区域效应不是单独地表现为经济效应、社会文化效应、生态环境效应和空间效应的其中一种或者其中的某个方面，而体现为整体性特点。一旦旅游产业发展，就会不同程度地对这些方面同时产生作用，体现为一因多果的特点。同时，在这个整体的内部，各部分之间又产生相互交错、相互影响的多向联系。

（2）持续性。旅游产业的影响一旦产生，便具有持久性；其发展对旅游目的地的政治、经济、文化、生活及生态均产生深远且持续的影响。即便是旅游活动停止，其已经造成的影响力还将持续发生，因为旅游活动所产生的文化变迁不会因为旅游活动的停止而变回原来的状态。

（3）时滞性。正如前文采用格兰杰因果关系分析旅游与其他产业之间的经济关联一样，旅游对于其他方面的影响表现为不同的时滞性，也就是说，旅游产业对区域某个方面的影响往往不是即时同步发生的，需要通过一段时间才会产生较为明显的影响。一般而言，对经济及空间结构的影响时滞相对较短，而对社会文化及生态环境的影响时滞则相对较长。

（4）开放性。旅游业本身的发展是经济社会开放发展的结果之一，只有秉持开放性才能获得进一步的发展；旅游业的区域效应还会随着区

---

① 参阅谢春山《旅游产业的区域效应研究——以大连市为例》，旅游教育出版社，2018，第76页。

域经济社会文化的发展而扩大其对于更多方面的影响。开放性是旅游产业区域效应不断升级的重要表现。

第二节　海南旅游产业的经济效应

旅游产业的发展，增加了区域经济的类型，对于区域经济发展必然产生影响。应该说，旅游产业的经济效应取决于旅游发展的规模、水平、质量、内部行业的结构；在旅游业蓬勃发展的时期，人们往往不自觉地只关注到旅游产业带来的积极效应，而忽视了可能存在的消极效应，更少有人进行必要的机会成本比较。由于海南旅游发展的阶段性特点，本章仍然主要讨论海南旅游产业发展的积极效应，即旅游产业的乘数效应和就业效应，其波及效应已经在第五章进行了讨论。

一　海南旅游产业的乘数效应

阿切尔（Archer）根据凯恩斯（J. M. Keynes）的投资乘数理论提出了旅游乘数理论。该理论认为，旅游目的地的旅游行业向旅游者提供各种旅游产品，为旅游目的地带来的直接收入引起旅游目的地经济总收入的增加。这种效应称之为乘数效应。根据世界旅游理事会（WTTC）的数据，世界旅游乘数效应，即旅游消费对经济活动产生的连锁反应，大约为 2.5。这一效应体现了旅游消费在经济系统中通过直接、间接和引致效应三个阶段对经济总量变化产生的影响。

旅游乘数效应反映了最终需求的变化的初始效应与该变化的总体效应之间的关系，总效应包括直接效应、间接效应和引致效应。旅游总收入不仅包括旅游的增加值，还包括中间价值。旅游总收入实际上反映了旅游活动带来的总的经济效应，而旅游增加值则是旅游活动产生的新价值，我们可以通过旅游企业和相关企业的旅游收入累加获得旅游总收入，通过旅游卫星账户获得旅游业增加值。以旅游总收入与旅游业增加值的比例来衡量旅游的乘数效应也是一个简便可行的办法。

如图 6-1 所示，2006~2023 年海南旅游总收入与旅游增加值之比呈现波动上升的趋势，这 18 年的值，其中有 13 年为 2.02 到 2.61，只有 5 年低于 2.0 且都大于 1.86，与 WTTC 给出的旅游乘数效应值（2.5）较为接近。国际旅游岛建设前几年（2010~2014 年）的比值更低，说明在不同时期，海南的旅游产业与其他相关产业的关联度存在差别，国际旅游岛建设期间主要是产业政策原因；而在 2020~2022 年的波动下行则主要为自然原因。海南旅游总收入与旅游增加值的比值并不是越大越好，存在一个最优的区间，在这个区间内，旅游业与其他产业充分关联，旅游业产生的增加值也达到一个较优的水平。

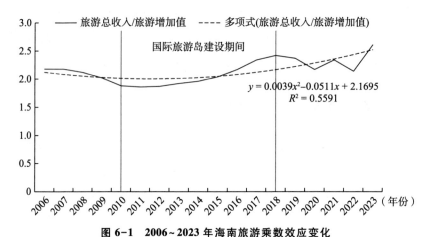

图 6-1　2006~2023 年海南旅游乘数效应变化

资料来源：历年《海南统计年鉴》。

二　海南旅游与对外贸易

作为经济活动之一的旅游活动，与国际经济贸易存在天然的联系，在旅游活动中，以经济贸易活动为目的的旅游活动是重要的旅游活动内容和形式。从表 6-1 所示的数据可以看出，来海南旅游人数较多的客源国与海南对外经济贸易活动的联系相对紧密；两地间的贸易活动可以促进旅游活动，旅游的发展又可以促进对外经济贸易活动。从海南旅游客源市场历年数据来看，来源结构相对稳定；这表明，作为旅游目的地的海南在客源国的影响力和知名度变化不大，客源国游客来海南的旅游目的相对稳定。

表 6-1　2023 年海南主要客源国经济贸易数据

主要客源国	旅游人数 （人次）	外商直接投资 项目（个）	货物进口总额 （万元）	货物出口总额 （万元）
日本	5767	29	661309	71197
韩国	22665	22	459604	148587
蒙古国	5390	—		
印度尼西亚	8478	—	989620	206409
马来西亚	30026	75	287537	117974
菲律宾	1127	—	46727	397054
新加坡	36722	83	68248	128883
泰国	7109	17	130343	115235
印度	1154	—	186125	100734
越南	1162	9	348063	474928
缅甸	303	5	—	47359
朝鲜	973	—	—	—
巴基斯坦	589	32	—	—
英国	5020	45	253033	76423
法国	3284	16	908105	25120
德国	4501	25	129494	21231
意大利	1871	8	484913	20171
瑞士	709	—	476453	—
瑞典	598	7	—	—
俄罗斯	16120	60	1010060	212336
西班牙	1234	—	—	—
美国	19320	92	834280	433622
加拿大	7064	76	594597	43047
澳大利亚	5870	55	2911211	104028
新西兰	1298	16	101523	

资料来源：旅游数据来源于海南省旅游和文化广电体育厅官网，对外经济数据来源于《海南年鉴（2024）》。

三 海南旅游产业的就业效应

旅游产业是为游客提供直接劳动服务的劳动密集型行业，且旅游就业门槛相对较低，为各层次的人员就业提供了广阔的空间。海南旅游业发展带来的就业效应十分明显，在前文所述格兰杰因果关系分析中，旅游业发展与从业人员数之间互为格兰杰原因，表明旅游业发展促进了就业（$p = 0.0000$），就业水平的提升也促进了旅游业发展（$p = 0.1560$），旅游业的发展促进就业的作用较就业增长对旅游业的影响更加明显。用国内生产总值与从业人员数增加量来衡量就业效应，以 2006~2023 年的数据计算，平均 GDP 每增长 1 亿元，从业人员数增加 250 人；对第三产业来说，就业效应更加明显，平均第三产业增加值每增加 1 亿元，从业人员数增加 462.3 人；旅游作为第三产业的重要组成部分、劳动密集型行业，其就业效应应该与第三产业的平均水平基本持平或者略高。

第三节 海南旅游产业的生态环境效应

旅游产业发展与旅游地生态环境之间的关系是矛盾统一体，二者紧密联系，相互影响。对于生态环境效应需要进行较为全面、系统、深入的分析。

一 海南旅游产业对生态环境的影响机制

旅游产业的发展实际上从生态和环境两大维度对旅游地的生态环境产生了深远影响（见图 6-2）。从生态角度来看，旅游景区的规划建设本身对于生态构成一定程度的破坏。景区道路的建设很可能阻断动物的迁徙、活动通道，道路网的建设使动物的活动区域受到一定限制；景区地面建设对地貌进行改观，在一定程度上破坏原有地貌；地表建筑的硬化影响了植物的生长环境，同时也破坏了动物的生存环境。景区的建设和游客的活动压缩了动物的活动空间，减少了植物生长的空间。游客的活动导致动物被驱离，从而进一步压缩了它们的活动空间。游客活动与消费带来的污染对于土壤、水体、空气的破坏，同样威胁动植物的生存环境。从环境角度来看，游客的消费活动产生的固形废弃物，影响地面的干净、影响沙滩的纯度、影响水体的澄净；游客的消费活动产生的液态废弃物及易溶解固形物，污染土壤、水体；等等。这里描述的只是最近的、最直接的效果，对于那些经过一定滞后期才显现出来的、通过逐渐积累才产生的效果没有进行描述。

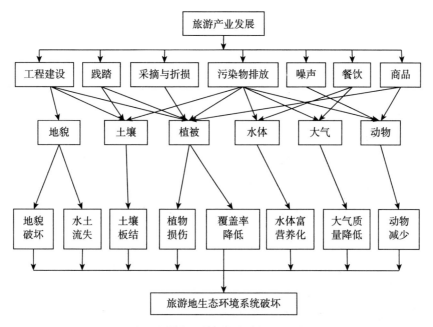

图 6-2　旅游产业发展的生态环境影响机制

资料来源：吕君、刘丽梅：《草原旅游发展的生态环境影响研究》，《干旱区资源与环境》2005 年第 3 期，作者在引用时做了调整。

鉴英苗、罗艳菊等的研究表明，2012 年前后，海南东线三天两晚品质游的旅游路线碳足迹为每人 201.162 千克、每人每天 67.054 千克；对碳足迹贡献最大的因素是交通、住宿、饮食和废物排放[①]。曾银芳、

---

①　鉴英苗、罗艳菊、毕华等：《海南环东线旅游路线碳足迹计算与分析》，《海南师范大学学报》（自然科学版）2012 年第 1 期，第 99~103 页。

毕华的研究表明，2014 年三亚亚龙湾森林公园游客 215 万人次，全部交通服务 CO_2 排放量估算为 95434.18 吨[①]。同时，海南废气、废水、固体废弃物等污染物的逐渐增加，都与旅游的发展密切相关。

二　海南旅游产业生态环境影响的响应机制及实现

要保持旅游地的可持续发展，必须保护旅游地的生态环境，生态环境是旅游资源的重要组成部分，从这个意义上来说，旅游经济具有生态化的本质特征。在旅游发展过程中，旅游发展要求高标准的生态资源，促使旅游地政府和社会立法、制定政策，建立环境机构，保护动植物，综合治理环境，集中处理污染物以保障生态环境质量，实现旅游的可持续发展（见图 6-3）。为了保护旅游地的生态环境，政府会为保护生态和治理环境提供财政支持。为保持优质的旅游资源和环境，政府及相关企业将强化能源消耗与污染物排放的监管，集中治理污染，并推动传统高能耗、高污染企业转型升级，以增强应对旅游生态负面影响的能力。旅游经济特别是生态旅游的发展，提升思想认识、控制破坏行为、提高治理技术等方式，增强了对旅游生态负面影响控制的创新能力。

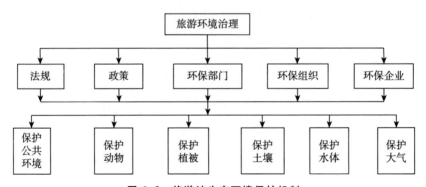

图 6-3　旅游地生态环境保护机制

海南旅游环境的影响因素依次是交通、住宿、饮食和废物排放。一

---

① 曾银芳、毕华：《三亚亚龙湾森林公园旅游碳足迹估算》，《海南师范大学学报》（自然科学版）2016 年第 3 期，第 333~337 页。

是优化能源品种结构，涵盖交通工具、旅游景区、旅游住宿及餐饮企业等领域；二是提升能源利用效率，海南单位 GDP 能耗已从 2010 年的 0.808 吨标准煤/万元下降至 2022 年的 0.39 吨标准煤/万元[①]，但仍存在较大优化空间；三是建立旅游企业的绿色化生产方式，实现提升旅游企业的经营效率；四是推进游客与消费者的绿色生活方式。

影响海南旅游排放第一位的要素是旅游交通，旅游和旅游景区交通的电气化是解决问题的重要手段。截至目前，海南已全面实现公交车、出租车、网约车等交通工具以及景区内短途交通工具的电气化，同时，省内铁路运输业也实现电气化。交通工具的电气化，减少了直接碳排放。另外，海南的电力供给结构在保障供给的前提下，一次电力的供给量持续增长，从 2017 年的 110.1 亿千瓦时（占总电力的 36.04%）增长到 2022 年 160.4 亿千瓦时（占总电力的 39.54%）[②]，一次电力供给量和在电力供给总量中占比超过均有提高；2022 年，一次电力占比高于全国平均水平至少 19 个百分点。电力结构的改善和交通工具的电气化对于海南旅游碳排放水平的降低具有基础性作用。对于旅游住宿企业来说，应要求其优化技术结构，充分利用海南的资源优势，提升分布式能源（电力）在能源消耗中的占比，同时推进绿色建筑的建设，完善绿色饭店标准体系，加速绿色饭店推广与实施。对于旅游餐饮企业来说，应当改善能源结构，改革烹饪技术，提升资源利用效率，并减少废弃物的排放。对于游客来说，鼓励减少一次性使用物品消费，鼓励节水、节电，提倡合理消费、适度消费，避免铺张浪费，形成绿色生活方式。

还需要把旅游业生态保护、环境教育与促进地方经济的发展有机结合起来。要求旅游经营者强化环境保护措施，确保旅游景区、景点的生态和景观保持完整，自觉、全面地遵守旅游地的文化习俗，充分利用并弘扬旅游地文化，实现"以文塑旅"的目标。鼓励旅游地社区参与旅游地自然和文化保护，切实保护地方文化和保障旅游区社区居民利益，

---

① 《海南统计年鉴（2023）》。
② 《海南统计年鉴（2023）》。

促进社区、居民对生态环境的保护。充分发挥示范引领作用，促进旅游景区景点的生态化发展。

第四节 海南旅游产业的社会文化效应

旅游活动作为经济活动和文化活动，天然地产生文化效应，这种效应是双向的效应，目的地、目的地居民、旅游从业者、游客在相互交流、影响过程中彼此发生改变，由此产生目的地、客源地社会文化效应。

一 海南旅游产业社会文化效应的影响因素

（一）进入旅游地的客源及数量

如果我们把一个游客进入旅游目的地旅游活动产生的效应定义为一个细分的效应，那么一个游客进入一个旅游目的地的社会文化效应主要表现为：游客携带自身文化和对目的地的既有认知进入目的地，以独特的文化视角审视当地文化，同时向目的地居民展示自身文化，促使旅游从业者以及当地居民得以窥见迥异的文化风貌。这种相互影响力存在于每一个游客与目的地从业人员、居民之间，其大小取决于细分的效应叠加程度和水平。

（二）游客的逗留时间

游客对目的地文化影响的一个重要方面是游客与目的地居民交流的叠加效应，叠加效应的表现为两个方面：一是人数的累加，二是逗留时间的长短。大多数是以旅游人数来衡量这种叠加效应。其实，游客逗留时间的长短产生的社会文化影响是不同的。最为简单的例证是，著名人士旅居一个地方产生的影响，如苏东坡旅居（尽管苏东坡不符合当下旅游者的定义）儋州三年所产生的效应与假设苏东坡多次短暂地到过儋州的文化影响天差地别；又如美籍植物学家、人类学家约瑟夫·洛克对于甘南迭部的推介对迭部所产生的作用；等等。一个游客在目的地逗留时间长，所进行的与目的地居民的文化交流往往是日常性交流，不仅能够对目的地居民产生"播化"作用，还会在一定程度上产生"濡化"影响；而在目的地逗留时间短，所进行的交流往往只是商业性的接触；交流的程度、水平存在着较大的差别。逗留的时间长，对目的地居民的影响更大；反之，则影响更小。

（三）旅游地居民参与度

一个旅游地的文化受影响程度还与其居民参与程度有着密切关系。游客接受旅游过程的服务，主要是游客与旅游从业者之间直接进行接触，形成直接的相互影响。如果目的地居民参与旅游程度不深，居民与游客的交流就少，居民对旅游的感知较浅，只能获得一般的、模糊的印像，游客对于目的地居民的文化影响相对较小。另外，旅游地居民参与旅游活动的参与度还会影响居民对于游客的态度。游客的进入实际上会对目的地居民的生活构成影响，形成事实上的冲突；居民参与旅游的程度越高，这种冲突就会越弱；反之，冲突则会越强。

（四）旅游从业者来源

旅游从业者包括旅游开发商、企业所有者、经营者和普通员工。这些从业者又分为旅游地当地的从业者和外地的从业者。两类从业者因生长环境及思想文化素养的差异，在旅游活动中的文化表现各异。一般来说，外地从业者对旅游地文化认知较浅、情感投入不足，处理文化遗产等资源时可能显得较为随意。在这个过程中，易与本地从业者及居民产生冲突，一旦掌握决策权，更可能引发文化破坏。本地从业者对本土文化情感深厚、认知全面，处理文化遗产等资源时态度谨慎，有助于保护社会历史文化，推动文化良性发展。从旅游从业者作为旅游文化的表演者、传播者来看，海南的实际情况证明，外地从业者整体上从服务意识、服务态度、服务能力等方面稍强；而本地从业者由于语言表达习惯、生活习惯、业务培训等，在服务意识、服务态度、服务能力等方面稍弱。由此说来，外地从业者和本地从业者应有一个合理的结构。

二 海南旅游产业的区域社会文化效应

(一) 促进旅游地文化的多样性发展

对于目的地来说,不同客源地的游客带来的不同的文化,同一客源地的游客来到特定目的地的人数越多,社会文化的叠加影响越大,还会呈现累积效应,对于目的地的影响越大。这种影响主要表现在两个方面。一是器物方面,例如,三亚大东海的俄罗斯游客相对集中,大东海的牌匾标识中大多增加了俄语;在其他旅游目的地也不乏类似现象,例如,在张家界,韩国游客较多,张家界的韩语导游就多,且路牌标识大多有韩语,等等;目的地的路牌标识若呈现多种语言,则反映出该目的地的主要客源国。还有一个直接的证据就是,一个地方的游客越多、旅游越发达,其饭店数量和菜系越多,例如,三亚的餐饮店除了海南菜之外,还有川菜、湘菜、粤菜、淮扬菜、鲁菜、徽菜以及西北菜系等,简餐类也丰富多样,如沙县小吃、兰州拉面、河南烩面,更有融合多菜系的餐馆。二是精神与认知方面,旅游者的思想文化在与目的地从业人员及居民的交流中,产生显著的"播化"效应,促进目的地居民接纳外来思想文化。旅游的发展,游客的增加,丰富了旅游地文化的多样性。与之相对应,特定客源地对旅游地的青睐,无疑加速了旅游地文化在客源地的广泛传播,进而提升了旅游地的知名度,使其文化对客源地的深远影响愈加显著。

器物和精神、认知两个方面的变化,必然促进旅游地居民的生活方式的改变,加上旅游业的发展,已经对旅游地居民的生产方式进行了改变。以海南为例,旅游业的蓬勃发展深刻改变了当地居民的生活方式,居民通过参与旅游行业的工作和与游客接触交往、交流,居民的商品意识、市场意识、竞争意识及服务意识均得到了显著提升。当然,旅游也可能给旅游地带来负面的文化影响,这种负面影响一方面来自旅游过程中的传播,另一方面来自旅游活动中"化生"出来的不利于社会健康发展的因素。

（二）促进旅游地文化特征、精华的提炼与保护

旅游发展能够促进旅游地文化的特征、精华的提炼与保护。旅游地独特的自然景观或文化是旅游发展的基础，文化在旅游中发挥着无可替代的作用。对于旅游地文化的自觉决定着旅游发展的水平、程度和质量。从旅游地来说，在外来文化的冲击下，如果对本地文化不加以保护，本地文化就会逐渐消失，并且会在很大程度上被其他地方的"先进"文化所同化；建立对自身文化的自觉，认识到自身文化的价值，采取有效措施挖掘、整理司空见惯的自身文化，并且进行文化的提炼、总结，提升对于自身文化价值的认识，并且进行有效的保护。在系统总结自身文化的基础上，旅游地的文化资源得到了升华，其价值更高、吸引力更大；在旅游发展的过程中，提升旅游地居民对自身文化的自信心和自豪感，提升旅游地的资源、产品的吸引力，同时在旅游过程中更加方便游客认知目的地的文化，从而实现旅游地文化更好地传播，真正实现"以文促旅，以旅彰文"。海南丰富的文化挖掘、整理、提炼是一个长期的重要任务，一部分文化可以作为旅游资源，通过旅游开发得到深入挖掘、整理并提炼成为旅游产品和服务的重要内容；促进部分文化不仅实现存在价值、科学价值、文化价值，还能实现经济价值。

（三）旅游者的示范效应

旅游发展的过程实际上是不同的客源地文化与目的地文化的交流、交融过程，在这个过程中，客源地文化与目的地文化之间的强弱决定了各自的影响力。当客源地文化呈现为强势状态，游客对目的地文化的影响会渗透到思想意识及生活方式上，进而影响目的地居民。这些居民对旅游者带来的文化会积极接纳甚至盲目崇拜、追求。这对于目的地居民的思想意识和生活方式产生明显的示范效应。

一般来说，这种示范效应会呈现从人群到空间的梯次扩展现象。首先，从职业来说，最容易受影响的人群是旅游从业者，旅游从业者与游客的经常性交流，直接受游客的思想、行为的影响；其次，从年龄来说，年轻人更容易接受外来的生活方式和文化，使用档次高的日常用

品，穿洋气的服装、吃洋餐，从穿着打扮、言谈举止开始曲意逢迎、追求与模仿；最后，这些文化逐步扩展到其他人群，在不同的人群中产生不同的效应。这些变化，不仅导致物质层面文化的变迁，最终还会导致旅游地社会从制度层面、精神层面文化的变化。

（四）旅游地文化的汲收-阻滞作用

旅游发展过程中的文化交流过程并不是一味地表现为旅游地接受外来文化，而是对于外来文化也存在明显的阻滞作用。实际上，这种阻滞作用的存在决定了旅游地只能是吸取外来文化的有用、有效成分，而排斥其他部分。到目前为止，似乎还没有一个旅游地完全被客源地的文化所同化，事实上，这个过程不容易被实现，因为一是客源地不止一个，往往是十个、数十个以上，甚至全世界，不会出现一个目的地的游客影响目的地而其他游客不影响目的地文化。旅游地就是在所有游客的旅游过程中不断汲收不同的文化的"有用"成分而阻止汲收其他成分，来丰富旅游地自己的文化，正是这种从多个文化中不断吸取养分，形成新的文化的"社会内的多样性"。

（五）旅游活动的负面影响

旅游发展带来的负面影响不容忽视，这些负面影响至少包括：一是对旅游地传统文化带来冲击，在旅游地文化没有得到有效保护的前提下，地方文化将受到极大冲击；二是对旅游地社会文化环境构成破坏，主要包括为了适应旅游的"需要"，简单地对于历史文化环境进行商业化改造，很可能对历史文化遗址、文物构成直接破坏；三是对传统道德文化构成冲击，对旅游地的社会道德和社会安全造成影响；等等。

第五节　海南旅游产业的区域空间效应

旅游产业对于区域空间的效应受多种因素的影响，这些影响因素通过自身的独特作用影响空间布局，并由此产生多重效应。

一　海南旅游产业区域空间效应的形成机制

（一）旅游资源分布

旅游产业的发展具有强烈的资源依赖性，对于自然类旅游资源和固态人文资源来说，具有不可移动性的特点，要以此资源基础发展旅游，旅游产业的布局只能围绕旅游资源展开。围绕核心旅游资源进行布局建设，并以此建设配套的基础设施和其他产业。对于活态人文资源来说，具有可移动性的特点，从旅游布局上来说，可以集中到不可移动的景区景点，增加景区景点的旅游资源的集中程度，提升游客的体验感与满意度。以不可移动的旅游资源进行旅游产业布局是一个基本的特点。三亚旅游产业的带形多点分布就是一个典型，三亚旅游资源主要集中于海滨，旅游景区景点的增扩建也集中于海滨，更进一步凸显了这种分布的特征；相关产业的分布呈现以滨海为轴，逐步向外（包括海上和陆地）扩展的特点。海南热带雨林国家公园边缘旅游风景区的产业空间布局也呈现带形分布的特点。以其他类型的旅游资源所进行的旅游开发，形成的空间格局则大多会形成圈层状、星云状的分布特点。

（二）区域总体规划

区域总体规划对旅游产业的空间布局安排起着至关重要的作用。1988 年 11 月完成的《海口市城市总体规划》将海口市定位为：全省政治、经济、文化、流通中心，具有热带风光和滨海城市特色的外向型国际性城市。风景旅游规划方面，要求"发掘海口市域范围内风景旅游资源，发展商务、科考、会议、观光、避寒、度假等多种旅游形式，全面保护，加强管理，合理开发利用自然和人文资源。"[①] 确定风景旅游资源开发主要包括历史文物古迹、风景区与自然保护区、城市园林和海滨风光。1988 年 9 月通过的《三亚市城市总体规划》将三亚城市定位为：重点发展旅游业和高技术产业的热带海滨风景旅游城市。规划要求形成

---

① 《海南特区经济年鉴（1989）》，新华出版社，1989，第 111 页。

以三亚市区为中心，东起林旺，西到崖城，包括 5 个相对独立组团的带形多点布局结构。对各区域的功能进行了规划，而且对于各风景旅游区的职能也进行了规划安排：亚龙湾风景旅游区为国际旅游度假、避寒冬泳中心，榆林湾风景旅游区为国内中高档旅游度假和会议中心，三亚湾风景旅游区为国内群众性高档旅游度假区，海棠湾风景旅游区为冬季体育训练基地、热带动物园，天涯海角风景名胜区则以游览观光为主、建设中华民族文化城①。该规划对三亚旅游空间布局进行了总体安排，直到现在还能看到这种规划的长期效应。其他市（县）的旅游产业发展空间布局无疑也受到了本地总体规划的影响。

（三）旅游客源市场区位

以短期休闲度假为主的旅游设施的建设，需要考虑资源基础和客源市场区位。以满足城市居民短期休闲度假需的休闲山庄、农家乐、渔家乐等设施建设，其区位一般在城市郊区具有较好的资源条件的位置。这种设施的建设，主要满足几十千米范围内的城市居民、相邻乡村居民的休闲娱乐需求。还有一类就是以满足景区景点游客的扩展需求的休闲设施的布局，其布局的位置一般会紧邻景区景点。

（四）集聚和扩散机制

旅游产业的集聚的经济性特点决定了旅游空间的集聚和扩散，旅游空间过大，增加游客的交通成本和时间成本，就要求相关旅游资源的集聚性布局；旅游空间过小，又影响旅游体验，需要旅游产品相对扩散分布。对于一个大的旅游区域来说，建立起一些集聚旅游产业的集群则能更好地满足游客的多样化需求，增加游客的逗留时间。例如，在三亚除有著名的天涯海角、南山-大小洞天、西岛、蜈支洲岛、鹿回头以及前文提及的三亚湾、榆林湾、亚龙湾、海棠湾的旅游景区外，还有陵水的清水湾、南湾猴岛，保亭的七仙岭、呀诺达、槟榔谷，五指山的五指山热带雨林风景区，乐东的尖峰岭、莺歌海等，呈现一个相对集聚而并不

---

① 《海南特区经济年鉴（1989）》，新华出版社，1989，第 118 页。

拥挤的分布状态。

（五）旅游交通通达性

可通达性是旅游供给的重要因素，对于旅游空间布局来说，就成了影响空间布局的重要因素。可以肯定的是，对于无法通达的地方，不可能发展旅游。对于旅游企业的投资决策来说，主要考虑市场和资源两个因素。从市场角度考虑，能够便捷地让游客进入是建设旅游设施的必要条件；从资源角度考虑，能够实现旅游收入高于交通设施建设成本是必要条件。因此，旅游企业的空间布局表现为主要向旅游资源富集和交通便利的区域集聚。

二　海南旅游产业发展的空间效应体现

（一）城市空间结构的调整

对于城市的空间结构来说，产业的发展变化过程即空间结构的调整过程。从表 6-2 的数据可以看出，1988 年，三亚市的一二三产业占比分别为 55.8%、20.6% 和 23.6%，第一产业的占比超过 50%，第三产业的占比仅为 23.6%，且旅游产业占比远低于此，显示出旅游产业的空间占比相对较小。而到了 2023 年，第一产业的占比降至 11.4%，第三产业的占比则攀升至 74.9%，其中旅游业增加值占 GDP 的比重约为 35.43%①（见表 6-2）。尽管，旅游业增加值每增加一亿元所需空间面积与第一产业有所不同，甚至可能更小，但三亚市的一二三产业占比如此显著的变化，必然导致了各产业占用空间的大幅调整。事实上，在三亚的城市空间结构变化中，主要表现为第三产业，尤其是旅游业对第一产业，尤其是农业的空间替代。也就是说，大量的山地、荒坡、农田转变为旅游景区、酒店等。表 6-3 的数据表明，随着公园的增加和绿道的延长，其占用面积也随之增加。

---

① 2023 年，三亚市旅游总收入为 896.64 亿元，按照当年海南省旅游业增加值与旅游总收入占比（38.38%）推算，三亚市旅游业增加值约为 344.13 亿元；三亚市当年 GDP 为 896.64 亿元，故旅游业增加值占 GDP 的比重为 35.43%（数据来源：《三亚统计年鉴（2024）》《海南统计年鉴（2024）》）。

表 6-2　海口市、三亚市一二三产业增加值占比变化

单位：%

城市	1988 年	2010 年	2015 年	2023 年
海口市	8.0∶35.3∶56.7	7.5∶24.1∶68.4	4.9∶19.3∶75.8	4.4∶18.4∶77.3
三亚市	55.8∶20.6∶23.6	15.9∶20.7∶63.4	13.7∶20.6∶65.7	11.4∶13.7∶74.9

资料来源：历年《海南统计年鉴》。

表 6-3　2018～2023 年三亚市公园、绿道变化情况

指标名称	2018 年	2019 年	2020 年	2021 年	2022 年	2023 年
公园个数（个）	28	29	41	43	47	76
公园面积（公顷）	872	875	846	851	907	958
绿道长度（公里）	—	36	81	81	99	121

资料来源：历年《三亚统计年鉴》。

（二）城市空间的拓展

城市空间的拓展会随着产业的发展而不断变化，旅游基础设施建设、旅游景区建设等都会对城市的空间拓展产生明显的效应。如表 6-4 所示，2023 年，海南省城市城区面积较 2025 年扩大了 1.15 倍，建成区面积扩大了 1.21 倍。

表 6-4　海南省城市面积变化情况

单位：平方公里

指标名称	2005 年	2010 年	2015 年	2020 年	2023 年
城区面积	775.97	1033.74	1673.79	1703.6	1669.1
建成区面积	270.06	308.56	469.39	544.57	596.84

资料来源：历年《海南统计年鉴》。

从三亚市旅游产业的发展空间格局来看，先是榆林湾（大东海、鹿回头）和三亚老市区的旅游产业发展，随后亚龙湾和三亚湾的快速发展，以及近年来海棠湾和崖城的兴起，形成了多元化的旅游空间格局。旅游产业的发展，迅速地扩大了三亚城市面积和建成区面积。

第七章 海南旅游产业的 高质量发展

"高质量发展是全面建设社会主义现代化国家的首要任务。"① 对于旅游产业发展来说,实现高质量发展是迫切的任务,当前,旅游产业面临科技创新水平和能力不强、供给体系和产品质量有待提高、旅游资源投入-产出效益不高以及绿色生产方式尚未形成等挑战。只有着力解决这些问题,才能实现旅游业的高质量发展,旅游发展才能跟上全国高质量发展的步伐。在某种意义上,海南旅游产业发展水平不高且承担着旅游发展的国家战略任务,实现高质量发展的任务更加重大。

第一节 旅游产业高质量发展的内在要求

旅游产业作为国民经济和社会发展的重要组成部分,作为最重要的幸福产业,是满足人民日益增长的美好生活需要的重要方面。在新的发展历程中,旅游产业发展应当全面贯彻新发展理念,依托新质生产力、积极构建绿色生产方式,并努力实现文化旅游的深度融合②,着力推进高质量发展。

---

① 《习近平著作选读》第一卷,人民出版社,2023,第23页。
② 夏杰长:《旅游业高质量发展的内在要求、时代价值与对策思路》,《价格理论与实践》2024年第5期,第19~25页。

一　充分体现新发展理念

"创新、协调、绿色、开放、共享"的新发展理念，是全局性、根本性和长远的导向，具有战略性、纲领性、引领性的特点。

创新发展注重的是解决发展动力问题。尽管我国创新能力有待加强，科技发展水平总体上仍有提升空间，科技对经济社会发展的支撑能力正在逐步增强。科技对经济增长的贡献率远低于发达国家水平。与先进制造业等产业相比，旅游产业在创新能力、科技水平及整体效益上仍存在显著差距。需要充分发挥各方面的作用，以创新发展来促进旅游产业科技水平的提升、总体效益的提升。协调发展注重的是解决发展不平衡问题。发展不平衡的现实已经成为当前中国最重要的问题之一，区域发展不平衡、城乡发展不平衡、经济与社会发展不平衡、物质文明建设和精神文明建设不平衡等多个方面。促进旅游产业的发展，可以在实现协调发展方面作出重要贡献。发展旅游产业是欠发达地区发展的重要选择，通过旅游产业的发展，提升欠发达地区人民的收入水平，缩小与其他地区之间的差距。通过发展乡村旅游，增加乡村居民收入来源、提高收入水平，改善乡村基础设施条件，缩小城乡差别。通过旅游增加收入、传导现代生活方式，促进经济与社会的平衡发展。通过旅游产业发展，实现供给侧结构性改革，提升旅游产品的质量和品质，更好地满足游客精神生活的需要，促进精神文明建设。绿色发展注重的是解决人与自然和谐问题。旅游产业发展的实践并没有像人们想象的那样成为"无烟工业"，旅游产业发展所产生的环境压力甚至超过其他产业的平均水平。贯彻绿色发展理念，成为旅游产业发展的内在要求，要求旅游产业实现生产方式的绿色化转变。开放发展注重的是解决发展内外联动问题。我国旅游产业一开始就具有非常明显的开放性特点，但随着国内旅游的迅速发展和国际形势的重大变化，入境旅游、出境旅游市场都受到了重大冲击，如前文所述，海南入境旅游市场与国内旅游市场相比极不协调，需要进一步采取措施，加大开放力度，促进入境旅游市场的发展，实现国内市场的联动，促进旅游更高水平的开放。共享发展注重的是解决社会公平正义问题。通过发展旅游，一方面促进居民收入水平的提高，促进分配上的公平；另一方面促进公民共享公共基础设施和公共服务、山河风光，促进精神上的共享。

二　以新质生产力为支撑

相对于传统生产力而言，新质生产力是人类社会在新的历史阶段，以新技术深化应用为驱动，以新产业、新业态和新模式快速涌现为重要特征，进而构建起新型社会生产关系和社会制度体系的生产力质态。

从需求角度来说，随着人民群众经济收入水平的持续提高，他们对产品和服务的需求不仅在种类上更加丰富，在质量上提出更高要求；相应地，人民群众出游率的不断攀升，原有组团观光式旅游不能满足需求。从供给角度来说，尽管新的技术革命持续发展，为旅游产品和服务的创新提供了新的机遇，但目前旅游产品和服务并没有充分利用新的技术革命的成果。以新质生产力为支撑，充分利用新的技术革命的成果，以新的科学技术来"表达"旅游产品的服务，是旅游产业创新发展的根本性途径。

三　建立绿色、可持续的生产方式

将传统工业主义的生产方式变革为以生态文明基础的绿色生产方式，需要实现资源利用、产品设计、生产过程、废弃物处理全过程的绿色化；旅游的高质量发展是多维空间尺度、层面的可持续发展。

从资源保护和利用角度来说，不仅要保护好自然资源，还要保护好人文资源，做到自然资源和人文资源的永续利用。再从经济发展角度来看，在地方发展层面，促进就业的增长、维持居民可持续的生计，促进旅游产品与服务供给质量的提升，实现多元利益相关者利益的共享，促进乡村振兴；在区域层面上，实现区域旅游业生产效率与要素的空间流动与布局优化，促进产业链延伸与产业结构优化以及产业附加值的提高，促进产业融合发展，促进区域旅游产业结构优化，带动区域经济高质量发展，促进经济收益再分配，实现共享发展，促进产业集群发展与协同创新；在国家层面上，实现供给侧结构性改革与消费结构的优化，促进扩大内需与国内经济循环，促进现代旅游产业体系与经济结构的优化，促进统一的自由流动的要素市场的形成，建立科学合理的旅游质量效益评价体系；在国际层面上，促进旅游经济与国际大循环，促进跨境旅游经济合作，促进国外旅游投资，振兴入境旅游市场，促进生产要素的跨国流动①，等等。

四　实现文旅深度融合

文旅深度融合发展是旅游业高质量发展的题中之义。"坚持以文塑旅，以旅彰文，推进文化和旅游深度融合发展。"②深刻揭示了文化和旅游的内在联系和内在规律，为旅游产业高质量发展指明了方向和具体途径。文化和旅游的深度融合，至少可以从以下两个方面来理解。

一是需求与供给的关系。随着经济社会的发展，居民消费升级的趋势，势必引领旅游消费的同步升级，"使旅游活动作为一种普遍化的社会实践，更加紧密嵌入日常生活之中"③。"旅游成为生活的要素"④，旅游产品和服务的质量成了关键，满足市场需求的质量要求，成为旅游业转型升级的根本要求。人们从单一的观光游览式旅游转变为多样化、深层次的旅游，以文化体验和精神享受为主，要求旅游企业根据市场需求的变化，提供体现高文化价值、高体验感的旅游产品和服务。

二是文化和旅游的关系。旅游活动本身就是文化活动，旅游也是一种文化。旅游企业要提供满足市场需要的高文化价值、高体验感的旅游

① 张朝枝、杨继荣：《基于可持续发展理论的旅游高质量发展分析框架》，《华中师范大学学报》（自然科学版）2022年第1期，第43~50页。

② 《习近平著作选读》第一卷，人民出版社，2023，第37页。

③ 孙九霞、李菲、王学基：《"旅游中国"：四十年旅游发展与当代社会变迁》，《中国社会科学》2023年第11期，第84~104页。

④ 魏小安：《中国旅游发展笔谈——小康生活与小康旅游》，《旅游学刊》2003年第2期，第5~6页。

产品和服务，唯一的途径就是实现文化和旅游的深度融合，别无他途。这里，对于文化不能仅仅理解为人类历史文化，而应该包括科学、技术在内的人类创造的所有科学文化。一方面，将整个科学文化作为旅游资源，开发出高文化价值的旅游产品，满足人类求知欲的提升和延展；另一方面，以新的科学技术为工具和手段，充分挖掘科学文化的多样化价值，生产多样化、满足多种需求的高价值产品。文化和旅游的深度融合所提供的产品，恰好能够满足变化了并会不断变化的需求。

第二节　海南旅游产业的升级换代

旅游产业升级是指产业中产品的平均附加值提高。提高产品平均附加值的途径则主要包括同一产业中的各个企业技术升级、管理模式改进、企业结构改变、产品质量与生产效率提高、产业链升级。产业结构升级前的附加值提高是产业升级的量变，产业结构升级是产业升级的质变。产业结构升级促使产业进入经济增长方式转型阶段，从而实现高质量发展。

一　海南旅游产品（服务）的价值及其提升

（一）海南旅游产业高质量发展的瓶颈

与全国的情况一样，海南旅游产业高质量发展的瓶颈主要表现在以下几个方面。一是资源和市场不适配。旅游资源的种类、数量巨大，品级甚高；但旅游发展的国际地位与此严重不匹配，特别是入境旅游与国内旅游存在巨大反差。近年来，海南入境旅游人数占旅游总人数的比重不断下降，不足 1%（2023 年仅为 0.63%），市场结构与资源严重不匹配。其重要原因之一在于产品的同质化、单一化和低水平。二是投入产出比低。旅游产业作为海南的战略支柱性产业，曾吸引大量社会资本投入，但与投资形成鲜明对比的是，旅游产出并不尽如人意，企业之间的价格战、"零负团费"在一定程度上显示了竞争的激烈和无序，也反映了投资收益率低下。2011年，海南旅游人均花费（旅游总收入/旅游总人数）为1079.65元/人次；到2019年，增加到1272.74元/人次（按当年价格计算），如果扣除物价上涨因素，人均花费实际呈现下降趋势。三是旅游需求与实际供给不吻合。现有旅游产业布局还主要是以满足观光旅游为主要对象，对于休闲度假等产品的布局明显不足，在各种旅游产业的评价准则中也是基于对观光旅游的思路和方法，对于休闲度假等关注严重不足，形成了旅游发展的客观需求形态与实际的旅游产品供给严重不吻合。四是旅游人才的数量和质量不能满足实际需要。海南旅游人才培养的规模较大、层次也较多，但一个客观事实是，旅游院校培养出来的人才从事旅游行业的比例较低，这给人才缺乏的旅游行业无疑雪上加霜，再加上旅游院校培养的人才的质量和适用性需要大幅提高，使旅游行业不能拥有足够多的符合高质量发展的人才。

（二）旅游发展的新趋势

经济社会文化的发展，旅游产业呈现一系列新的特点，这些特点的形成，构成了旅游发展的新趋势。一是随着旅游成为生活的要素，旅游消费成为日常化行为，"全域敞开"成为发展趋势，旅游空间的去界效应和跨界效应重叠，旅游区与非旅游区的地理界线趋向消解[1]。体验成为旅游发展的新的基本需求，"旅游资源非优区"[2]的开发日益发展，从自身的生活空间进入他人的生活空间，开阔视野、放松心情，寻求不一样的生活体验，在典型的旅游景区景点、酒店不一定能实现。海南的自然条件与人文环境所构成的环境，几乎处处是景，为其发展提供了良好的条件。二是数字技术的发展将虚拟与现实深度融合，真实体验与价值成为复合型新需求[3]。真实体验与数字技术的深度融合，充分延展了

---

①　孙九霞：《国内旅游业更新升级的新动向与新挑战》，《人民论坛》2024年第7期，第94~98页。

②　罗艳菊：《旅游资源非优区开发研究——以三亚市南山文化旅游区为例》，《社会科学家》2002年第4期，第52~55页。

③　孙九霞：《国内旅游业更新升级的新动向与新挑战》，《人民论坛》2024年第7期，第94~98页。

游客对旅游场景的认识与体验，极大地增强了体验感和旅游价值。三是从"旅游+"到"+旅游"，旅游目的地的产业链条被全面打通，产品嫁接范围进一步扩大①。"旅游+"表现出旅游产业的流量溢出效益逐渐显现，旅游的发展逐渐影响其他行业的发展，前文所述旅游产业的发展成为其他相关行业发展的格兰杰原因已经说明了这种溢出效应；"+旅游"则体现为其他行业主动与旅游产业融合发展，文旅融合、农旅融合、体旅融合、交旅融合等成为被普遍接受的概念和方式。四是旅游产品的精致（intensive）消费②需求呈现多样化发展，特定的小众市场迅速成长。海南具备发展这种小众市场、发展精致消费的良好条件，应当大力推动这种市场供给的发展，培育市场需求，形成丰富多样的旅游市场。

（三）促进旅游产业从"现代的服务业"向"现代服务业"转变

现代服务业以现代科学技术尤其是信息网络技术为主要支撑，建立在新的商业模式、服务方式和管理方法之上的服务产业。它既包括随技术发展而出现的新兴服务业态，也包括运用现代技术对传统服务业进行的改造与提升。就旅游产业来说，旅游仅在时间层面属于现代服务业，或者确切地说，旅游业只是"现代的服务业"，并没有真正成为"现代服务业"。海南旅游产业需要摆脱传统旅游经济增长模式，借助新技术革命推动旅游产业转型升级。利用数字化平台，连接实体旅游产业链与价值链，支撑旅游场景的职能拓展和产业链重组，提高要素的配置效率，提升全要素生产率。

二　海南旅游产业升级的路径

（一）提升产品技术创新能力

海南旅游产业升级的首要任务是实现产品升级。产品升级通常是指

---

①　孙九霞：《国内旅游业更新升级的新动向与新挑战》，《人民论坛》2024年第7期，第94~98页。

②　精致消费：由泰勒·考恩提出的概念，指游客偏爱、专注的，注重品质、体验的消费；其相对应的概念"粗放消费"。参见〔美〕泰勒·考恩《创造性破坏：全球化与文化多样性》，王志毅译，上海人民出版社，2007，第120页。

产品对于市场竞争或技术变革的响应，可能涉及更深层次的结构调整或新技术的应用，从而大幅提升产品性能或增加新功能，以适应市场需求的变化或新的需求。

实现产品升级，需要从需求和供给两个方面着手。一是深入研究市场需求的变化及其趋势，明确市场对于传统产品的功能的变化的新要求，以及对于新产品的要求。对于旅游产业来说，必须明确市场对以观光旅游为代表的传统产品新功能的需求，观察旅游需求的新变化、分析发展新趋势，研究新需求及其特点，认真分析旅游需求多样化、个性化、精神化和参与化的新特点[1]，为企业创新产品提供决策依据。二是以游客满意度作为衡量旅游产品和服务质量高低的最终标准，为游客提供定制化、针对性、新颖性和感染力强的优质产品和服务[2]；同时，切实把握新的技术革命给旅游产品的生产带来的可能性变化，充分运用新的技术手段尤其是数字技术，革新传统产品，实现传统产品迭代，创造新产品，实现旅游产品系列创新链、产品链、价值链的延伸，提升产品技术含量和产品结构调整。

实现产品升级，还需要从充分利用人文资源和科学技术知识两方面着手。一是深入挖掘人文资源的内在价值，实现文化和旅游的深度融合，使旅游产品承载充分的文化内涵，使文化在各类旅游产品上得到恰当的体现，通过更多方式和途径传播文化。二是充分运用科学知识和技术知识，实现旅游与科学技术的深度融合，使旅游产品充分承载科学技术知识，通过旅游传播科学技术知识，提升社会的科学技术水平。以高水平、高质量、高价值的产品满足旅游需求，并引导旅游需求。

（二）促进管理水平和服务品质提升

海南旅游发展效益低下的重要原因在于管理水平不高，以及旅游服务的品质欠佳。提升管理水平和服务品质是实现产业价值提升的重要途径。

---

① 李书昊、魏敏：《中国旅游业高质量发展：核心要求、实现路径与保障机制》，《云南民族大学学报》（哲学社会科学版）2023 年第 1 期，第 152~160 页。

② 李书昊、魏敏：《中国旅游业高质量发展：核心要求、实现路径与保障机制》，《云南民族大学学报》（哲学社会科学版）2023 年第 1 期，第 152~160 页。

提升管理水平、实现旅游产业和旅游企业的管理创新，可以从以下几个方面着手。正确认识旅游产业发展的战略地位和历史地位，一方面防止认识不足导致旅游发展与投资不足，另一方面防止对旅游产业期待过高造成的投资过热。现实的选择是，以现实的旅游需求及其可能的变化和技术发展的基本趋势为依据，正确判定旅游的现实和未来定位，作出正确的空间布局和投资决策。充分利用数字技术平台，运用网络技术、大数据技术、区块链技术等新技术，改造管理方法和流程，实现管理技术创新，提升管理效率，降低管理成本。充分认识旅游管理人才队伍建设的关键意义，优化选人机制，加大管理人才尤其是创新型人才的遴选力度，不拘一格选拔人才；优化用人机制，实现人才德-能-岗的优化配置，提高用人能力，做到人尽其才；优化用人环境，建立完善的人才激励机制，营造人才舒心干事业的优良环境。

提升服务品质，提高游客对海南旅游的体验感和美誉度。中国旅游研究院每季度进行的游客满意度调查结果显示，海口市和三亚市的游客满意度并不高，在所调查的城市中处于中等水平，与海南建设"国际旅游消费中心"的目标不相匹配。这表明，海南旅游服务品质还有很大的提升空间，提升海南旅游服务品质是非常现实且迫切的问题。提高海南旅游服务品质，可从以下几个方面入手：一是制定服务标准，以标准的执行保障旅游服务的基本品质；二是加强员工服务技术、技能的培训，提高员工整体服务素质；三是鼓励员工根据服务对象的实际情况，提供个性化服务，增加旅游过程中的"消费者剩余"；四是建立合理的评价-激励机制，鼓励高质量、高品质服务，杜绝低质量、低水平服务。

（三）实现创新链、产业链、价值链的链条拉长

旅游创新是实现旅游业高质量发展的重要方式和核心路径，主要包括不同地区、不同行业和不同部门间的制度创新、技术创新、要素创新、产品创新、管理创新等内容[①]。海南自由贸易港的战略定位是"全

---

① 王佳莹、张辉：《中国旅游业高质量发展的现实逻辑与战略路径》，《旅游学刊》2024年第12期，第17~28页。

面深化改革开放试验区""国际旅游消费中心",因此其理应大胆创新,以旅游领域的创新为其他产业、其他地区创新积累经验。海南旅游产业的创新可以以新技术革命为支撑的技术创新为基础,从产品创新和企业管理创新入手,倒逼要素创新,促进制度创新;逐步形成完整、相互支撑与相互促进的创新链条,促进旅游创新链的延伸。

旅游产品的创新促进产品迭代和新产品的"涌现",新产品的"涌现"推动产业链条的多维空间生长。这种多维空间的生长,一方面体现为满足旅游新需求的新供给的形成和发展;另一方面体现为"旅游+"的多样化发展,即旅游产业作为要素"嵌入"相关产业,促进相关产业的产品空间扩展或者产品功能增加,实现旅游与其他产业的融合发展。旅游创新链的延伸、旅游产品链的多维空间生长,促进旅游产业价值链的延长。通过旅游产品链的多维空间生长,提升要素的协同效率,多种要素资源的协同效率的提升,提高了由要素资源协同产生的效益,提高了全要素生产率。

第三节　海南旅游产业结构的优化

旅游产业结构反映的是旅游产业各部门、各环节在旅游经济运行中的比例关系和相互联系。旅游部门、企业间的耦合程度和协调程度决定了产业结构的优化水平。旅游企业的规模和产品的多样化程度是部门间、企业间耦合协调的基础。

一　海南旅游产业的规模经济与范围经济

(一)　探寻海南旅游产业的最优规模

规模经济是指在一定的技术水平下,生产能力的扩大使长期平均成本下降所带来的效益。规模经济包括部门(产业)规模经济、城市规模经济和企业规模经济。规模经济主要包括三种类型:①规模内部经济,即一个经济实体在规模变化时由自身内部引起的收益增加;②规模外部经济，即整个行业（生产部门）规模变化使个别经济实体的收益增加；③规模结构经济，即各种不同规模经济实体之间的联系和配比，形成一定的规模结构经济，如企业规模结构、经济联合体规模结构、城乡规模结构等。

科斯在《企业的性质》中指出，交易费用的存在是企业产生的根本原因。科斯认为，企业是市场价格机制的替代物。以价格机制为导向的市场每组织一笔交易都要花费一定费用，即交易成本；当生产同样产品、零部件以及工艺流程阶段的企业将各生产要素集中生产时，就可以减少交易数目、交易次数和交易摩擦等交易成本，让企业成为市场的替代物。只有当组织交易时，企业内部的管理成本等于其所节约的市场交易成本时，企业的规模扩张才会停止。由此，科斯认为，当两个或两个以上企业组织的交易由一个企业来组织时，便出现了一体化，企业一体化的过程就是交易活动内部化的过程。或者说，企业间关系结构的每一步变化都与规模经济有关。企业间是否合并取决于所增加的组织费用和所节约的交易费用的比较。

对于海南旅游产业的发展来说，需要从三个层面确定最优规模：一是单个企业的最优规模，旅游企业需要根据自身的资源、要素条件及其可能的变化，确定合理的规模。规模过小，企业可通过扩大规模节约交易成本以获得规模效益；规模过大，则可能产生著名的"马歇尔冲突"（Marshall's Dilemma），从而出现规模不经济。因此，即便生产同种产品、提供同类服务，也需要在一定程度上实现差异化。二是区域企业集聚的规模，旅游企业集聚区应当使企业之间形成明显的产品、服务关联，在集聚区内降低企业之间的原材料和燃料购入成本、促进产品和服务的标准化、促进专业化管理，提升区域整体的竞争力。三是海南或者海南省所辖城市的旅游业规模的优化。海南省应有的合理旅游产业规模，应当由旅游市场的需求和供给决定，市场需求规模持续增大，就应当持续增大供给规模。海南的这个最优规模不仅取决于旅游市场的供求，还必须考虑海南整个社会经济的合理比例，这个合理的规模和比例一般由旅游人数、旅游业增加值和旅游业增加值占 GDP 的比重来反映。海南旅游人数从 1989 年的 88.05 万人次增长到 2023 年的 9000.62 万人次，并且仍在增长；旅游业增加值占 GDP 的比重从 2006 年的 6.1% 提高到 2023 年的 9.2%，仍存在增长空间。但是，旅游业在国民经济中的比重存在一个合理比例，这个比例在作为国际自由贸易港、国际旅游消费中心建设的海南可能会比其他省份高一些。

（二）寻找海南旅游产业融合发展的合理范围

与规模经济不同，范围经济是企业同时生产多种相关产品或提供服务，从而降低平均总成本的经济现象。范围经济通过多样化生产，共享资源、设施、技术或管理经验来降低总成本，而不是仅仅关注单一产品的生产规模。即使单个产品的产量不大，但由于多种产品的联合生产，其平均成本仍然可能低于分别生产这些产品的情况。

范围经济的思想对旅游企业的经营具有启发意义。对于旅游企业来说，范围经济的实现途径主要包括：共享资源，即企业通过运用生产设施、设备和管理人员提供多种产品和服务；共同技术，即企业利用相同的技术（如相同的平台）提供不同的产品和服务；共享品牌，同一品牌的不同产品和服务可以共享品牌声誉，降低营销成本；互补效应，通过不同产品和服务的联合销售提高整体销量；共享管理经验，即同一管理团队可有效地管理多个不同业务单元，降低管理成本。无论是通过"旅游+"，还是"+旅游"，只要能够实现共享资源、共享技术、共享品牌，实现产品和服务的互补，共享管理经验和技术，就可实现旅游与其他产业的融合发展，促进旅游产品的多样化，实现企业全要素生产率的提高和经济效益的提升。

二　海南旅游产业结构优化方式与路径

（一）促进旅游产业内部的耦合协调发展

优化营商环境和市场竞争机制，促进横向一体化发展，企业形成适宜规模，获得规模效益；适宜的规模水平，意味着要有适宜的要素规模，促进要素的有效流动，应当建立健全资本、技术、人才等要素合理流动的制度和机制；促进企业充分利用自身资源、技术、人才实现纵向一体化发展，形成多样化、定制化的精益生产，充分发挥品牌效应，培育高品质旅游产品和服务品牌，发展范围经济。

通过组织形式创新，降低交易成本。通过企业的开放式创新，协同利用企业的内外部资源，运用合作、许可、并购、联合研发等方式与外部伙伴共享知识和技术，共同推进创新，降低研发成本、交易成本，推出新产品、提供高品质服务。通过发展规模经济和范围经济，促进企业之间、产品之间的耦合协调，全方位、高效率、高水平满足游客多层次、多样化、个性化的需求。

（二）提高旅游供求对接的精准度

发挥供给端在市场中的主导作用，加大对旅游企业扶持和培育力度，充分发挥各种市场主体的积极性。一是坚持做优做强国有企业，发挥其在旅游业发展中的示范引领作用，积极整合旅游资源，优化战略布局，促进高品质品牌形成，提升旅游核心竞争力。二是充分挖掘中小微旅游企业的潜力，加大对企业的财政税收、金融、土地等方面支持力度，最大限度地消除社会资本投资疑虑，培育一批竞争力强、特色鲜明的中小微旅游企业，丰富旅游业态，满足旅游者多样化、个性化、品质化的旅游需求。以丰富的产品谱系满足市场的多样化、个性化、品质化选择。

面向下沉的旅游市场和升级的消费需求的新变化，充分结合地方特色，围绕夜间旅游、周末休闲、美食旅游、康养旅游、体育旅游、节事旅游等新业态构建新型消费，进一步提升旅游服务意识、水平和能力，进一步提升城市活力、丰富游客体验。同时，深入推进精细化城市管理模式，结合本地居民和游客旅游消费需求变化，积极延长文旅场所、购物场所的营业时间，增设夜间消费场所，打造 24 小时生活场景，充分激发消费潜力[①]。

---

① 王鸿儒：《多措并举 着力推动旅游业高质量发展》，《宏观经济管理》2024 年第 6 期，第 29~35 页。

（三）促进旅游产业结构高度化发展

产业结构高度化是建立和实现高效益产业结构的过程。产业结构高度化以产业结构合理化为基础，使结构效益不断提高，进而推动产业结构向高度化发展。从产业结构比例来看，产业结构高度化有三个方面的内容。一是在整个产业结构中，由第一产业占优势比重逐级向第二、第三产业占优势比重演进，即产业重点依次转移，也就是通常所说的一二三产业的占比逐步由"一二三"演化为"三二一"。二是产业结构中由劳动密集型产业占优势比重逐级向资金密集型、技术知识密集型占优势比重演进，向各种要素密集度依次转移。三是产业结构中由制造初级产品的产业占优势比重逐级向制造中间产品、最终产品的产业占优势比重演进，即向产品形态依次转移。从产业结构高度化的程度来看，产业结构高度化包括四个要点。其一，产业高附加值化，产品价值中所含剩余价值比例大，表明是企业技术密集程度不断提高的过程；其二，产业高技术化，即在产业中普遍应用高技术（包括新技术与传统技术复合）；其三，产业高集约化，即产业组织合理化，有较高的规模经济效益；其四，产业高加工度化，即加工深度化，有较高的劳动生产率[①]。

实现海南旅游产业结构的高度化，要从以下几个方面着手。一是充分挖掘资源潜力，提高各种要素的协同效率，提高旅游产品和服务的附加值，提高全要素生产率，提高剩余价值或者"余值"（TFP）。二是充分运用高新技术，实现高新技术在旅游产品、旅游企业的充分"表达"（布莱恩·阿瑟认为，经济是技术的表达），提高科学技术作为第一生产力在旅游产业中的作用；当前，尤其应该大力促进传统旅游产品的升级换代，解决传统旅游地配套设施匮乏、服务质量参差不齐、低端竞争激烈、娱乐设施高度同质化和老化等问题[②]；以技术手段的运用和服务意识的增强，实现传统旅游产品的更新换代。三是促进旅游产业的集聚

---

① 何盛明主编《财经大辞典》，中国财政经济出版社，1990，第314页。
② 孙九霞：《国内旅游业更新升级的新动向与新挑战》，《人民论坛》2024年第7期，第94~98页。

化、集成化发展，发挥规模经济和范围经济效益。四是提升旅游产业的"加工"程度，实现对资源的更高水平利用，使旅游企业逐步提高知识密集度、技术密集度、资本密集度，提升旅游产品和服务的科技含量、文化含量及体验感和满意度。

第四节　海南旅游产业布局的优化

海南旅游产业布局的优化是实现海南旅游产业高质量发展的重要内容，是实现产业高效益、高效率的重要方法与措施。

一　海南旅游产业布局

（一）旅游产业空间布局原则

根据旅游中心地理论、点-轴理论、核心-边缘理论、产业集群理论等，确定海南旅游产业布局的原则，具体如下。

一是顺应规律原则，即充分利用资源，体现资源特点、游览空间、使用功能和方向的一致性，按照旅游经济发展规律进行产业布局安排；二是整体优化原则，即从追求总体效益出发，合理确定旅游区功能定位、旅游设施布局、旅游线路设计等；三是适度超前原则，即科学预测发展规模，预留发展空间；整合互动原则，即要求加强全局谋划、整体推进，调动各方面的积极性，达成质量、结构、规模、速度、效益和安全的统一；统筹兼顾原则，即兼顾各利益相关方的利益，包括旅游者的利益，提升游客满意度；四是持续发展原则，即要求空间布局必须有利于保护资源，实现资源的永续利用。

（二）海南各区域旅游产业发展的情况

按照旅游产业空间布局安排，旅游产业按照规划要求着力推进。发展的现实状况是，海南旅游产业布局基本呈现"南北两极强、中间弱""东强西弱"的格局，如表7-1所示，海南岛18个市（县）中，过夜游客主要集中在三亚、海口、儋州、琼海、陵水等南部、北部、东部市

（县），定安、屯昌、琼中、白沙四市（县）占 3.09%。这种布局反映了海南旅游产业的基本布局情况。本书第四章也对各产业的空间布局进行了较为详尽的阐述。

表 7-1　2024 年海南岛过夜游客人数集中程度

组别	市（县）数（个）	过夜游客人数和（万人次）	占全省比重（%）
≥1000	2	4443.77	50.64
500~999	3	1849.92	21.08
100~499	9	2210.55	25.19
≤100	4	270.74	3.09

资料来源：根据海南省旅游和文化广电体育厅网站数据计算而得。

二　海南旅游产业布局优化方式与路径

（一）海南旅游空间格局的新构建

"三极一带一区"的空间布局安排，对海南旅游产业空间作出了具体规划，应当依据这个总体安排，积极主动地发展旅游产业，在发展中创造性地利用这个安排，即遵循而不拘泥于这个安排，因地制宜、根据市场需求发展旅游产业。

海南自由贸易港建设，从总体空间安排上确立了"三极一带一区"的总体空间布局，旅游产业布局基本沿袭了国际旅游岛关于产业布局的空间安排。

海口经济圈主要是充分发挥海口作为省会城市的带动作用，辐射澄迈、文昌、定安、屯昌等周边市（县），着力塑造"大海口"综合竞争新优势，形成中国特色自由贸易港核心引领区。旅游产业布局则是根据条件，适度集中布局特色旅游项目，培育发展一批定时定址的节庆、会展活动和体育赛事。文昌市逐步建设成为集卫星发射、航天科普、度假旅游于一体的现代化航天城。

三亚经济圈主要侧重于国际旅游、科技创新资源，并带动陵水、乐东、保亭等周边市（县）发展，大力培育发展南繁、深海等未来产业和新一代信息技术产业，建设海南自由贸易港科创高地、国际旅游胜地。旅游产业及相关产业则重点发展酒店住宿业、文体娱乐、疗养休闲、商业餐饮等产业；适度布局建设特色旅游项目，培育一批文化节庆、会展活动和体育赛事。着力建设三亚热带海滨风景名胜区，将三亚打造成为世界级热带海滨度假旅游城市。

儋洋经济圈主要是通过挖掘儋州历史文化名城的发展潜能，加快儋州—洋浦一体化融合发展，把儋州建设成为海南岛西部区域性中心城市。旅游产业方面规划建设东坡文化园，积极发展生态旅游、探奇旅游、工业旅游、滨海旅游等。

滨海城市带以环岛旅游公路为主轴，以环岛高速铁路、高速公路等交通廊道为纽带，加快形成"2+3"滨海中心城市格局，推动滨海城镇统筹协调发展，构建以中心城市为引领、大中小城镇协调发展的世界级滨海城市带。着力发展壮大滨海旅游业，并努力将博鳌建设成为世界级国际会议中心。

中部山区生态保育区以海南热带雨林国家公园建设为根本，加强中部地区多层次公路网、环热带雨林国家公园观光旅游公路与环岛旅游公路衔接，大力发展热带雨林旅游产业，发展黎族苗族文化旅游项目，推进生态旅游、民族风情旅游、民族工艺品制造等。

（二）海南旅游空间格局的优化策略

以国际旅游消费中心建设为重点，构建入境旅游高质量发展格局。国家旅游消费中心建设作为海南自由贸易港建设的目标之一，是一项重要的战略任务。解决入境旅游与出境旅游存在的各类问题是十分重要的任务。要认真分析入境旅游市场变化的原因，提出有效的针对性措施。一是要推进更高水平的对外开放，增进中外交流与合作，实现对外经济贸易合作与入境旅游、出境旅游的相互促进。二是加强海外旅游营销推广，提升海南入境旅游的吸引力。一方面采用传统方式进行营销宣传活动；另一方面要充分利用新媒体、社交媒体平台，传播中国文化、海南文化，展现海南形象，增强海南作为旅游目的地的吸引力。三是着力建设三亚国际旅游精品城市，打造入境旅游高地，形成入境旅游的"吸引子"。四是以入境旅游游客的需求为导向，推动入境旅游产品的优化升级，在充分发挥热带气候、生态资源优势的基础上，深入挖掘黎苗文化、琼崖文化的价值，提高旅游服务质量，提升入境游客的体验感。

以国内旅游为重点，构建梯次分布不同规模旅游集聚区、旅游产业带。2024年，海南国内游客（含一日游游客）占比超过98%，在未来较长时期内，仍将保持90%以上的比例，国内游客是海南游客的主体。旅游产业布局，首先应当深入分析国内游客的需求特点，根据国内游客的心理、行为特点进行产业布局和空间布局。其次，应当以"三极"为中心，梯次布局旅游产业集聚点；以"一带"为轴，构建旅游产业的沿海产业观光旅游、休闲旅游、海洋旅游带；以"一区"为中心，构建辐射全岛的生态旅游、科学旅游、文化旅游的产业辐射线。最后，要充分研究海南游客的特点，一是注重满足冬季避寒度假人群的需求，推动新的冬季避寒度假目的地的建设，减轻传统目的地的压力，增加避寒度假目的地的选择。二是创新旅游产品，打造海南夏季避暑胜地，吸引四川盆地、长江中下游平原等地区夏季炎热地区的部分游客到海南避暑。三是实现传统旅游产品的升级换代，提高海南旅游服务质量，提升国内游客满意度。四是创新旅游业态、旅游产品，满足游客新需求，创造海南旅游新的增长点。

以乡村旅游为重点，实现共享发展。海南旅游资源丰富，旅游区与非旅游区的差异化程度小，非典型旅游区也有非常优美的风景，这为发展全域旅游提供了绝佳的条件。在各县（市、区）大力发展乡村旅游，主要满足本岛城镇居民的短期旅游需求以及避寒、避暑度假人员的短期旅游需求。尤其在中部、西部发展生态旅游、科学旅游、文化旅游、休闲旅游产品，促进本岛及度假居民"到西部去""到中部去"的旅游流向的形成，推动中部、西部旅游的发展，减轻三亚、海口市旺季的压力，促进旅游的区域均衡发展。通过发展乡村旅游，提高社区参与程度，实现社区居民的自主增权，共享发展成果。

第五节　海南旅游产业的高水平综合治理

旅游产业进入多样化、个性化、品质化的需求发展阶段，构建现代化旅游治理体系是提升旅游治理水平的重要举措[①]。实现旅游产业高质量发展需要全新的治理思维，应当根据新发展理念确立新的制度安排，从治理主体、治理客体、治理工具和治理机制等多方面进行制度设计和路径选择[②]。

一　明确治理主体之间的关系，建立协同治理机制

（一）旅游治理的主体

旅游活动的相关方都是旅游综合治理的主体，主要包括政府主管部门、旅游企业、旅游行业协会、旅游相关研究机构、旅游社区、旅游者等。这些旅游治理主体依据相关法规，通过发挥各自的职能、履行自身的义务，并谋求实现自身需求，在整个旅游过程中参与治理。

（二）旅游治理主体间的关系和协同治理

在旅游治理中，必须强化主体责任，明确治理主体各自的职责定位，履行好各自的治理义务。第一，由于旅游业具有明显的公共属性特征，要充分发挥政府在旅游治理中的主导性作用。旅游治理具有专业性和社会性的特点，必须由政府牵头，发挥政府的组织和调动作用。深化"放管服"改革，最大限度降低组织成本和制度性交易成本，形成健康良好的旅游营商环境、旅游环境和旅游安全文明保障。第二，充分发挥以企业组织为主的市场主体作用，政府的不当或过度干预必然导致市场运行交易成本提高，制约市场运行效率和企业经济效益。企业应当遵守行业规则，遵循市场行为规范，依法依规获取旅游经营权、收益权。旅

[①] 王鸿儒：《多措并举 着力推动旅游业高质量发展》，《宏观经济管理》2024 年第 6 期，第 29~35 页。

[②] 张洪昌：《新时代旅游业高质量发展的治理逻辑与制度创新》，《当代经济管理》2019 年第 9 期，第 60~66 页。本节的写作主要参考此文相关部分的框架。

游企业还应妥善处理好旅游从业者与游客之间的矛盾关系，提升应急冲突事件的化解能力和水平。依托旅游业及所属各行业协会、志愿者组织、慈善机构等非政府组织的专业能力，发挥第三方力量的监督、协调、协作服务，为旅游治理提供行业约束和智力支持。第三，充分发挥社区居民的作用，尤其是社区治理精英的带头作用，强化旅游社区治理。在乡村旅游治理中，加强社区自主增权，提升社区行为能力，尊重当地居民的意愿，促进社区深度参与旅游，满足居民的合理诉求。把社区精英人士及基层自治组织作为旅游社区治理主体，以村规民约等非正式制度作为重要治理工具，弥补国家治理机制中因"权力悬浮"造成的治理失效。同时，应当厘清各个治理主体的权责利边界，加强治理体制机制创新，构建多元协同治理体制①。

二 优化旅游供给结构，增强旅游消费观念

（一）优化旅游供给内容和结构

旅游供给的内容和结构问题是当前旅游治理难题的集中体现，应当从空间、时间、产品、服务等具体问题上加以解决。从空间上来说，可以运用全域旅游的理念串联分散的景点空间布局，将微观的景点发展提升到宏观的旅游目的地和区域整体塑造。建立跨区域旅游合作管理体制，改变原有传统的以景区为构架的旅游空间形态，通过建设廊带旅游和旅游风景道实现区域全景化。构建立体化交通体系，加大交通网络密度，解决旅游交通的"最后一公里"问题，促进旅游景点之间以及客源地与旅游地的进一步互联互通。从时间上来说，制定法定假日制度是一种国家强制消费策略，但假日旅游需求过旺，因此需要在优化法定假日制度的基础上，确保企事业单位严格落实职工带薪年休假制度，保障职工休息休假的权利，为旅游消费者提供充足自由的出行时间。结合发展实际需求，进一步完善国家休假条例，明确执行强制休假的制度依

---

① 张洪昌：《新时代旅游业高质量发展的治理逻辑与制度创新》，《当代经济管理》2019年第 9 期，第 60~66 页。

据。鼓励错峰休假和弹性作息，推广实施两天半小长假，消解集中出行带来的不良后果。从产品上来说，要创新旅游产品类型，大力推进旅游业态升级。结合海南旅游资源特点和文化特性，推出差异化、个性化的旅游产品。延长旅游产品供给链条，大力开发夏季旅游产品和夜间旅游产品，以疏解旅游季节性压力，使旅游市场常态化稳健运行。

（二）增强旅游消费观念

大力推动观光旅游型向休闲度假、体验型旅游转变，运用共享理念推进分时度假、分权度假等旅游新模式。从旅游服务方面来看，转变服务管理理念，提升服务人员素质，增强旅游服务品质，这一点对海南来说，尤为重要。加快、加强旅游标准化建设，完善旅游服务的质量标准体系，实现旅游服务的规范化。创建旅游品牌，形成良好口碑，以游客满意度为旅游质量评判准则。以旅游消费需求促进供给改革，以高质量供给满足持续升级的旅游需求。倡导理性的旅游消费观念，杜绝旅游不文明行为，引导游客进行文明旅游和绿色消费。促进消费观念转变，确定合理的消费预期，鼓励游客在满足实物消费的基础上，增加旨在提升生活质量的旅游服务消费，优化旅游消费结构。进一步区分工作与闲暇界限，增加人民的消费能力和闲暇时间，以满足人民日益增长的旅游美好生活需要，提高人民幸福指数。

三　创新旅游治理工具，加强科技治理能力、提升治理水平

（一）加强人工治理与人工智能的结合

利用技术进步成果，加强人工治理与人工智能的结合，实现治理创新。在治理主体方面，进一步加强人工治理与人工智能的结合。充分发挥人工治理的主观能动性，同时加强人工智能治理模式创新，科学利用高科技产品协助治理，增强治理分析决策的客观性。应该注意的是，人是最核心、最根本的治理主体，治理是为了人自身，应充分发挥领导者的应变能力和集体决策优势，优化治理团队结构，强化专业培训，增强旅游专业化治理能力，着力实现有温度的"善治"，避免简单、粗暴和

机械治理。应充分认识到，智能机器是伴随高科技发展而衍生的治理工具，应加强高科技产品的研发能力，确保人工智能的安全性、稳定性和可靠性，提高治理的准确性和效率水平。

（二）实现法治、德治与技治结合

在治理工具方面，要实现法治、德治与技治"三治融合"。以法治为根本，牢固树立法治的权威性，充分运用正式制度的强制性约束作用，完善旅游法治体系，为旅游治理提供根本制度保障；以德治为基础，充分发挥非正式制度的正向效应和激励作用，全面提升社会道德水平。利用德治的激励、柔性和弹性机制，让文明旅游成为全社会的行动自觉；以技治为辅助，运用互联网、大数据技术建立信息共享机制，大力提升技术治理的应急预警和舆情研判能力。深入研究人工智能的技术伦理，制定规范的技术治理应用边界，推动旅游技术治理更加安全、高效和文明。

四　构建多元约束机制，建立健全治理考核体系

（一）建立多元约束机制，约束相关主体的行为

在由旅游业引发的社会治理中，经常需要面对市场关系复杂的多元利益主体，涉及的经济社会影响十分广泛。因此，必须综合发挥正向引导与负向约束两方面的作用，建立负面清单制度和多元约束机制。一是要完善旅游治理的政策法规，建立旅游治理的长效机制。如将旅游失信行为纳入信用体系建设范畴，强化失信惩戒机制。赋予旅游警察、旅游执法大队等机构相应的综合执法权力，推动治理常态化替代"运动式"治理。二是要将企业违法违规行为信息纳入市场准入与退出机制。规范旅游投资行为，使旅游开发程序合法依规，保证投资的强度、业态、环保等关键问题符合相关要求和标准。建立完善旅游项目评审备案跟踪制度，确保项目规划、设计的高标准和可操作性。严厉打击旅游市场恶性竞争，维护市场主体合法权益。三是要引导旅游者自觉自律，提高旅游者的法律意识和道德素养。严肃、严格地对违法违规的旅游不良行为进

行行政处罚和刑事处罚，树立文明旅游的执法权威。加强对旅游不文明行为记录动态管理，多渠道实时监测和反馈旅游不文明乱象。建立便捷、透明的游客投诉机制，建立健全消费后评价制度。

（二）健全考核机制，实现有效的激励与约束

建立和完善治理考核机制，建立健全旅游治理的权力清单和责任追究制度，构建明晰的激励机制和惩戒体系。一方面，既要注重旅游经济社会发展，又要强调旅游生态文明。必须结合地方发展实际，以差异化考核引导旅游高质量发展，推进旅游综合治理现代化。另一方面，建立健全旅游市场动态监督措施和问责机制，加强旅游企业的风险排查，着力推进旅游文明行为标准化，实现事前预警预防、事中控制化解和事后追查修复，促进旅游企业文明行为的制度化、规范化和常态化；同时，依托智慧旅游发展，即时发布旅游"红黑榜"，让文明旅游成为社会共识，营造出健康的旅游环境和社会秩序，有效增强国家文化软实力。

参考文献

Chris Ryan：《游憩旅游学——旅游需求与影响》，马晓龙、黎筱筱译，南开大学出版社，2010。

〔法〕保尔·芒图：《十八世纪产业革命——英国近代大工业初期的概况》，杨人楩、陈希秦、吴绪译，商务印书馆，1983。

毕普云：《海南旅游消费现状、影响因素与对策建议——基于新发展格局视角》，《南海学刊》2021年第3期。

谢春山《旅游产业的区域效应研究——以大连市为例》，旅游教育出版社，2018。

陈劼绮、陆林：《乡村旅游创新的理论框架与研究展望》，《地理学报》2024年第4期。

陈立群：《海南省乡村旅游发展现状及其优化策略研究》，《中国农业资源与区划》2016年第10期。

陈扬乐、王琳等编著：《海洋旅游导论》，南开大学出版社，2009。

陈一静：《西部地区旅游产业集聚与经济增长的相关性分析》，《西南大学学报》（自然科学版）2024年第7期。

邓涛涛、邹光勇、马木兰：《国际旅游岛战略提升了海南旅游业国际化水平吗？——基于双重差分方法的政策效果评估》，《经济管理》2016年第7期。

丁攀、王守贞：《旅游产业与海南省经济发展的关联度研究》，《海南金融》2011年第4期。

范莉娜、敖青青、陈杰：《传统村落内生能力培育的内涵、要素与机制》，

《原生态民族文化学刊》2024 年第 6 期。

方叶林、黄家彤、黄震方等：《中国沿海三大城市群旅游经济韧性的影响因素及组态效应》，《经济地理》2024 年第 11 期。

符芳岳、高雨晨、张贝尔：《新质生产力赋能海南国际旅游消费中心高质量发展的逻辑机理、现实挑战及优化路径》，《海南大学学报》（人文社会科学版）2024 年第 12 期。

符峰华：《自贸港背景下海南旅游业集聚发展研究》，《中国流通经济》2020 年第 7 期。

高鸿业主编《西方经济学》（第 3 版），中国人民大学出版社，2004。

高原、邢婷婷、马瑛敏：《黄河流域旅游韧性时空演变及驱动因子分析》，《西北大学学报》（哲学社会科学版）2024 年第 6 期。

郭强、王晓燕：《文旅融合助推海南旅游业高质量发展研究》，《海南大学学报》（人文社会科学版）2023 年第 3 期。

《海南旅游年鉴（1997~2000）》，海南年鉴社，2000。

《海南年鉴（1990）》，新华出版社，1990。

《海南年鉴（1991）》，新华出版社，1991。

《海南年鉴（1993）》，海南年鉴社，1993。

《海南年鉴（1996）》，海南年鉴社，1996。

《海南年鉴（1997）》，海南年鉴社，1997。

《海南年鉴（1998）》，海南年鉴社，1998。

《海南年鉴（1999）》，海南年鉴社，1999。

《海南年鉴（2001）》，海南年鉴社，2001。

《海南年鉴（2004）》，海南年鉴社，2004。

《海南年鉴（2008）》，海南年鉴社，2008。

《海南年鉴（2009）》，海南年鉴社，2009。

《海南年鉴（2010）》，海南年鉴社，2010。

《海南年鉴（2011）》，海南年鉴社，2011。

《海南年鉴（2012）》，海南年鉴社，2012。

《海南年鉴（2013）》，海南年鉴社，2013。

《海南年鉴（2015）》，海南年鉴社，2015。

《海南年鉴（2016）》，海南年鉴社，2016。

《海南年鉴（2017）》，海南年鉴社，2017。

《海南年鉴（2018）》，海南年鉴社，2018。

《海南年鉴（2019）》，海南年鉴社，2019。

《海南年鉴（2020）》，海南年鉴社，2020。

《海南年鉴（2021）》，海南年鉴社，2021。

《海南年鉴（2022）》，海南年鉴社，2022。

《海南年鉴（2023）》，海南年鉴社，2023。

《海南年鉴（2024）》，海南年鉴社，2024。

海南省地方志办公室编《海南省志·旅游志（1988~2010）》，方志出
版社，2020。

《海南特区经济年鉴（1989）》，新华出版社，1989。

何彪、谢灯明、蔡江莹：《新业态视角下海南省康养旅游产业发展研究》，
《南海学刊》2018年第3期。

何建民：《我国旅游产业融合发展的形式、动因、路径、障碍及机制》，
《旅游学刊》2011年第4期。

何盛明主编《财经大辞典》，中国财政经济出版社，1990。

贺小荣、任迪川、徐海超：《区域旅游产业集聚对旅游经济韧性的影响
及其空间效应研究——以长江经济带为例》，《湖南师范大学自然
科学学报》2024年第1期。

黄璨：《旅游产业化水平测度研究》，湖北人民出版社，2016。

鉴英苗、罗艳菊、毕华等：《海南环东线旅游路线碳足迹计算与分析》，
《海南师范大学学报》（自然科学版）2012年第1期。

〔美〕泰勒·考恩：《创造性破坏：全球化与文化多样性》，王志毅译，
上海人民出版社，2007。

李江帆、李冠霖、江波：《旅游业的产业关联和产业波及分析——以广

东为例》，《旅游学刊》2001 年第 3 期。

李书昊、魏敏：《中国旅游业高质量发展：核心要求、实现路径与保障机制》，《云南民族大学学报》（哲学社会科学版）2023 年第 1 期。

李天元编著《旅游学概论》，南开大学出版社，2009。

刘家诚、张应武、黄熙智：《海南离岛免税政策的经济增长效应研究》，《海南大学学报》（人文社会科学版）2015 年第 1 期。

刘向明、杨智敏：《对我国"旅游扶贫"的几点思考》，《经济地理》2002 年第 2 期。

罗君名、杨立根、彭雯：《数智化服务对生态旅游产业发展的驱动力分析——以海南为例》，《海南师范大学学报》（自然科学版）2024 年第 3 期。

罗艳菊：《旅游资源非优区开发研究——以三亚市南山文化旅游区为例》，《社会科学家》2002 年第 4 期。

麻学峰、张世兵、龙茂兴：《旅游产业融合路径分析》，《经济地理》2010 年第 4 期。

聂磊、范芳玉：《自贸区背景下海南农旅融合绩效协整分析》，《海南大学学报》（人文社会科学版）2019 年第 2 期。

〔法〕萨伊：《政治经济学概论：财富的生产、分配和消费》，陈福生、陈振骅译，商务印书馆，1963。

宋瑞主编《2013~2014 年中国旅游发展分析与预测》，社会科学文献出版社，2013。

宋瑞主编《2023~2024 年中国旅游发展分析与预测》，社会科学文献出版社，2024。

孙根年、李晋华：《新时期国内旅游抗周期性及双对数需求弹性分析》，《旅游科学》2014 年第 3 期。

孙九霞：《国内旅游业更新升级的新动向与新挑战》，《人民论坛》2024 年第 7 期。

孙九霞、李菲、王学基：《"旅游中国"：四十年旅游发展与当代社会变迁》，《中国社会科学》2023 年第 11 期。

唐承财、梅江海、上官令仪等：《新质生产力视域下国内外数字文旅研究评述与展望》，《地理科学进展》2024 年第 10 期。

唐少霞：《海南发展生态旅游的思路》，《海南大学学报》（人文社会科学版）2001 年第 3 期。

田良、申涛：《海南省旅游业发展与交通运输系统关联研究》，《海南大学学报》（人文社会科学版）2009 年第 4 期。

田言付、朱沁夫等编著《旅游学概论》，南开大学出版社，2012。

汪恒、唐玉娥：《需求价格弹性在旅游经济中的应用研究》，《北京第二外国语学院学报》2001 年第 3 期。

王鸿儒：《多措并举 着力推动旅游业高质量发展》，《宏观经济管理》2024 年第 6 期。

王佳莹、张辉：《中国旅游业高质量发展的现实逻辑与战略路径》，《旅游学刊》2024 年第 12 期。

王丽、马继刚：《我国城乡居民旅游需求弹性分析》，《洛阳师范学院学报》2021 年第 10 期。

王全在、游喜喜、肇丹丹：《旅游产业集群发展研究》，中国财政经济出版社，2013。

王新越、季冉冉：《中国省域旅游经济韧性与效率适配发展及其影响因素》，《中国生态旅游》2024 年第 1 期。

魏小安：《中国旅游发展笔谈——小康生活与小康旅游》，《旅游学刊》2003 年第 2 期。

武亚楠：《旅游业发展与经济增长——基于海南省 18 市县的面板数据》，《宜春学院学报》2023 年第 2 期。

《习近平著作选读》第 1 卷，人民出版社，2023。

夏杰长：《旅游业高质量发展的内在要求、时代价值与对策思路》，《价格理论与实践》2024 年第 5 期。

谢春山：《旅游产业的区域效应研究——以大连市为例》，旅游教育出版社，2018。

谢慧明、沈满洪、李中海：《中国城市居民旅游需求函数的实证研究》，《旅游学刊》2014 年第 9 期。

谢彦君：《海南国际旅游消费中心建设中的供给侧结构性突破战略》，《旅游学刊》2020 年第 3 期。

谢彦君、卫银栋、胡迎春等：《文旅融合背景下海南国际旅游消费中心的定位问题》，《旅游学刊》2019 年第 1 期。

徐文海、邓颖颖、皮君：《基于竞争力评价的旅游目的地形象提升研究——以海南国际旅游岛为例》，《中南财经政法大学学报》2014 年第 3 期。

颜麒、吴晨光、叶浩彬：《离岛免税政策对海南省旅游需求影响效应实证研究》，《旅游学刊》2013 年第 10 期。

殷紫燕、黄安民：《旅游业发展水平对共同富裕的影响效应》，《福建师范大学学报》（自然科学版）2024 年第 3 期。

余升国、杨鹏辉：《离岛免税政策是否促进了旅游业发展？——基于政策历史演进的视角》，《旅游科学》2024 年第 8 期。

袁智慧、李佳宾：《海南旅游业发展对经济增长的拉动效应研究》，《中国农业资源与区划》2018 年第 8 期。

曾银芳、毕华：《三亚亚龙湾森林公园旅游碳足迹估算》，《海南师范大学学报》（自然科学版）2016 年第 3 期。

张朝枝，杨继荣：《基于可持续发展理论的旅游高质量发展分析框架》，《华中师范大学学报》（自然科学版）2022 年第 1 期。

张海燕、王忠云：《旅游产业与文化产业融合发展研究》，《资源开发与市场》2010 年第 4 期。

张洪昌：《新时代旅游业高质量发展的治理逻辑与制度创新》，《当代经济管理》2019 年第 9 期。

张鹏飞、郭伟、虞虎：《从脆弱性到韧性：旅游业何以转危为机？》，《旅游学刊》2024 年第 12 期。

张扬:《中国特色自由贸易区（港）建设下的海南邮轮旅游产业发展研究》,《华东经济管理》2018 年第 12 期。

张应武、刘家诚:《海南离岛免税政策调整效应的实证研究》,《海南大学学报》（人文社会科学版）2017 年第 2 期。

赵书虹:《旅游产业集群论》,科学出版社,2010。

朱静敏、卢小丽:《数字经济提升旅游经济韧性的作用机制及空间效应》,《地理科学进展》2024 年第 10 期。

朱沁夫、伏加丽、隆云滔:《中国国内旅游需求特征分析:1993～2009》,《旅游研究》2011 年第 4 期。

朱沁夫、江延球、耿静:《基于公平导向的绿色发展路径研究》,科学出版社,2023。

朱沁夫、李昭、杨樨:《用地理集中指数衡量游客集中程度方法的一个改进》,《旅游学刊》2011 年第 4 期。

王缉慈等:《创新的空间:企业集群与区域发展》,北京大学出版社,2001。

王起敬编著《旅游产业经济学》,北京大学出版社,2006。

左冰、谢梅:《离岛免税政策对海南旅游需求与消费影响研究——基于旅行与免税商品联合购买模型》,《旅游科学》2021 年第 2 期。

后 记

自海南建省以来，海南旅游产业一直备受关注与重视，在历届省委、省政府制定的经济发展战略中均占据重要的战略地位，被赋予了极为重要的战略任务。学界在海南旅游方面倾注了大量心血，开展了广泛且深入的研究，这些成果对促进海南旅游发展的作用不言而喻。稍有遗憾的是，在寻求系统、全面地了解海南旅游时，未发现针对海南旅游产业进行系统研究的成果。笔者斗胆下笔，期望能抛砖引玉。

所幸三亚学院批准我到吉隆坡学习进修，如此我能集中时间和精力进行研究与写作。又幸得社会科学文献出版社批准本书的选题。明确任务和要求之后，我便不舍昼夜、奋笔疾书，终于完稿。

在此，特别要感谢三亚学院管理学院的刘运良老师，他凭借娴熟运用统计工具的能力，协助我进行了旅游需求弹性的估计，以及旅游产业与其他产业之间关系的格兰杰因果检验，这些结论对本书论述的展开起到了基础性作用。

还要感谢三亚学院朱沁夫教授，他对本书大纲的拟定和初稿都提出了有益的修改意见；感谢三亚学院副校长柴勇教授、校长助理亓元教授，感谢三亚学院旅游与酒店管理学院陈扬乐教授、杨玉英教授、闫静副教授和全体同事们一直以来的支持与帮助。本书在撰写过程中参考了大量学者的文献，是他们的智慧成果奠定了本书的基础，推动了本书的创作，在此表示深深的感谢。

还必须感谢我的父母，他们帮助我料理家务、照顾孩子，并对本书的写作给予了极大的精神鼓励，他们是我完成这一任务最坚强的后盾！

感谢社会科学文献出版社编辑卓有成效的工作，才使本书能够如期出版，从而更早地接受读者的指正。

李　佳
2025 年 3 月 5 日于吉隆坡

图书在版编目（CIP）数据

海南旅游产业发展研究／李佳著 . --北京：社会
科学文献出版社，2025.7. --ISBN 978-7-5228-5308-6

Ⅰ. F592.766

中国国家版本馆 CIP 数据核字第 2025WN7927 号

海南旅游产业发展研究

著　　者／李　佳

出 版 人／冀祥德
责任编辑／陈凤玲
责任印制／岳　阳

出　　版／社会科学文献出版社·经济与管理分社（010）59367226
　　　　　地址：北京市北三环中路甲 29 号院华龙大厦　邮编：100029
　　　　　网址：www.ssap.com.cn
发　　行／社会科学文献出版社（010）59367028
印　　装／三河市龙林印务有限公司

规　　格／开　本：787mm×1092mm　1/16
　　　　　印　张：13　字　数：185 千字
版　　次／2025 年 7 月第 1 版　2025 年 7 月第 1 次印刷
书　　号／ISBN 978-7-5228-5308-6
定　　价／99.00 元

读者服务电话：4008918866